너무 오래 오타쿠로 살아서

일러두기

1. '한국어 어문 규범'을 따라 표기했으며 일부 관례로 굳어진 것은 예외로 두었다.
2. 영화·TV프로그램·노래 등은 〈 〉, 단행본은 《 》로 표기했다.
3. 트위터 게시글이나 인터넷 밈의 경우, 매체 특성을 살리기 위해 되도록 고치지 않았다.

프롤로그

트위터에는 140자 글자 제한이 있습니다. 'X'로 업데이트된 이후 다양하고 쓸데없는 유료 서비스가 많아지면서 이 제한도 풀렸지만, 여전히 트위터 '고인물'들은 140자의 한계에 맞춰 생각을 재단하곤 하죠. 그래서인지 서로 오해하기도 참 쉽고, 오해받기도 쉽습니다.

인터넷을 많이 한 탓에 저도 그런 굴레에서 벗어날 수 없었습니다. 매일 대충 끄적인 한 줄 정도의 트윗만 게시하다 보니 스스로 무슨 생각을 하고 사는지 감이 오지 않더라고요.

그래도 언젠가 제 생각을 길게 적어 사람들에게 보여주고 싶다고 생각했습니다. 취업이 안 되는 인문학 졸업

생으로서 언젠가 책 한 권은 꼭 만들어보고 싶다는 막연한 꿈도 있었고요.. (교수님 제가 해냈습니다!) 이런 건 철없고 용기가 있을 때 하는 게 좋을 것 같아 아직 '20대 청년' 타이틀을 달고 있을 때 부랴부랴 끝냈습니다. 이러면 누가 뭐라고 해도 그땐 철이 없었으니 이해 좀 해달라고 당신은 그런 적 없느냐고 얼버무릴 수 있을 테니까요.

2013년, 마블의 〈어벤져스〉 시리즈와 BBC 〈셜록〉 때문에 트위터를 처음 시작한 이래로 10년이 넘는 시간이 흘렀습니다. 그 사이에 참 많은 일이 있었습니다. 수많은 계정을 옮겨가며 여러 친구를 사귀었고 떠나보냈습니다. 어린 학생이었던 저는 어엿한 직장인이 되었네요. 뭐든 1만 시간 동안 하면 전문가가 될 수 있다던데, 이 정도면 감히 '소셜미디어 전문가'라 할 수 있겠습니다.

원래 이 책의 취지는 제가 작성한 15만 개의 트윗 (2025년 3월 기준) 중 일부를 주절주절 설명하는 것이었는데, 소셜미디어는 속도감이 생명이라 그런지 다시 곱씹어봐도 그때의 제 감정이 나오지 않더군요. 트윗에 이런저런 설명을 더 덧붙이니까 느낌도 안 살고 덕지덕지

해져서 그만뒀습니다.

대신 제가 인터넷 세상을 여행하면서 느낀 것, 깊이 생각했던 것, 끝내 깨닫게 된 것을 적어봤습니다. 인터넷 세상 속에서는 계정에 따라 자신의 모습을 다르게 바꿀 수 있죠. 덕분에 여러 자아를 마음껏 표출할 수 있고요. 이 책에서도 제 안의 다양한 자아를 보여주고 싶어 총 4개 파트로 나눠보았어요.

PART 1은 저의 오타쿠 자아가 작성했습니다. 말 그대로 제가 너무 오래 오타쿠로 살아온 탓에, 몰라도 인생에 큰 문제가 없는 것을 너무 많이 알게 되면서 느낀 점을 썼습니다. 아마 무언가를 열정적으로 좋아해본 경험이 있다면 재미있게 읽으실 수 있을 겁니다. 아니면 오타쿠답게 안경을 척 올리며 '아, 이거 아닌데… 잘 모르시네' 하면서 읽으셔도 됩니다.

이어서 PART 2는 저의 아이돌 팬 자아가 작성했습니다. 나름 제가 아이돌 팬으로 유명해졌으니 그에 대한 이야기를 가장 기대하실 거란 생각에 약간의 부담감을 가지고 썼습니다. 특정 아이돌에 대한 언급은 없으니 도파민을 기대하셨다면 죄송합니다.

PART 3에는 인터넷 세상에 대한 트위터리안 쑨디의

생각을 적었습니다. 평소에 인터넷에 올라오는 글이나 그 속의 사람들에 대해 여러 의문을 품고 계셨다면 추천드립니다.

그리고 마지막 PART 4에는 인간 쏜디에 대한 이야기를 적어봤습니다. 인터넷 사념체답게 개인 신상 정보는 거의 없고요, 혹시 저라는 인간에 대해 궁금하실 수도 있으니 약간의 설명 차원에서 써보았어요.

이 책에는 자기반성도 없고 엄청 유용한 정보도 없고 전문성도 없고 그렇다고 누군가를 위로하는 말도 딱히 없습니다. 그럼 무엇이 있느냐, 인터넷에 뇌를 맡겨버린 한 청년의 생각덩어리들이 있습니다. 가공되기 전 치즈처럼 마구 엉겨 붙어 있는데요, 좀 구릿한 냄새가 날 수도 있습니다만 이 또한 이해해주세요. 애매한 치즈 냄새 속에서 저의 진심을 찾아보시길 바랍니다.

꼭 이어서 볼 필요도 없고 목차 보시고 재미있어 보이는 부분만 골라 읽으셔도 전혀 문제없습니다. 제 머릿속 같은 이 책을 자유로이 탐험해주셔요. 그리고 누가 책 내용을 물어보면 '너무 오래 오타쿠로 살아서 오히려 대중을 이해하지 못하겠는 한 오타쿠가 이해하지도 이해받지도 않겠다고 결심한 뒤로 인터넷 사념체가 되어 덕질의 모든 것을 알려준 것에 대하여' (라이트노벨 제목 아님) 정도로 후기를 남겨주시면 되겠습니다.

사실 아직도 이 책을 세상에 공개해도 되는지 마음이 싱숭생숭하고 약간 부끄럽기도 합니다. 누군가 분명 '네가 뭐라고 이런 걸 내냐?' 한마디 할 텐데 어쩌죠? 지금까지는 다 농담이었다고 실실 웃으며 넘겨왔는데 이번에는 그렇게 넘어갈 수도 없고 참 어쩔 줄을 모르겠습니다. 뭐든 돈을 받으면 프로라고 하던데 이제 진짜로 이런 걸 내버렸으니 매사에 프로의 마음가짐으로 임해야 하지 않을까 하는 부담감도 있고요. (그럴 생각 없지만요) 아, 역시 돈을 받지 말걸, 세상에 무료로 공개했어야 하는데….

말은 이렇게 했지만 사실 매우 평온한 마음으로 이 문장을 쓰고 있습니다. 나무에 미안할 짓을 하는 건 아닌지 마음이 참 안 좋았던 어느 날, 어떤 분이 저에게 이런 말씀을 해주셨거든요. "나무에 미안할 것 같다고 하셨는데 정작 나무에 미안한 책을 쓴 사람들은 그런 소리를 안 합니다. 걱정하지 않으셔도 되겠습니다."

가끔 한 문장이 누군가의 인생을 구원하기도 한다던데, 저 말을 들은 순간 모든 원죄와 속박으로부터 벗어난 기분이 들었습니다. 그래서 나무에도, 이 글을 읽고 있는 지금의 당신에게도 미안한 마음 가지지 않으려고 합니다. 뻔뻔해서 미안합니다.

우주처럼 넓은 인터넷 세상 속에서 세종시 청년 인구 수만큼(2023년 기준 약 12만 명) 많은 글을 끄적여 왔습니다. 수많은 사람을 만나면서 느끼고 겪고 생각해온 것들을 잔뜩 담았어요. 다들 잘 모르셨겠지만 저는 인터넷 세상이 조금은 다정해졌으면 하는 사람입니다. 이런 마음과 좋아하는 것을 계속 보고 싶은 마음도 가득 담았으니 부디 재미있게 봐주세요.

차례

프롤로그 ··· 4

Q PART 1 |

너무 오래 오타쿠로 살아서
사실 대중을 이해하지 못하겠다

오타쿠란 무엇인가	··· 14
가장 보통의 오타쿠	··· 24
가상의 이야기를 통해 우리는 어떻게 구원받는가	··· 31
"좋아해"라는 말의 의미	··· 43
오타쿠와 빠순이, 그 어딘가에서	··· 51

Q PART 2 |

너는 내 삶 모든 것 중에 최고

팬의 마음 설명서	··· 64
팬덤이라는 사회	··· 72
케이팝 세대론이라는 함정	··· 78
좋아했던 걸 쪽팔리게 만드는 녀석은 죽어야 한다	··· 101

Q **PART 3** |

트위터리안 쑨디의 이야기

쑨디의 덕질 일대기	… 128
'나다움'을 찾는 '굳이굳이 파티'	… 144
속 편하게 소셜미디어 하는 법	… 155
완벽한 AI보다는 구린 진짜가 좋아	… 165

Q **PART 4** |

트위터 밖의 인간 '쑨디'

사람은 무엇으로 사는가	… 180
내가 소셜미디어를 사랑하는 N가지 이유	… 202
"네 안의 결핍을 인정해야 해"	… 219
우리는 소년만화 주인공이 아니다	… 226
내 삶이 중심을 지키는 일	231

에필로그 … 237

PART 1

너무 오래
오타쿠로 살아서
사실 대중을
이해하지 못하겠다

오타쿠란 무엇인가

나는 나를 소개할 때 '오타쿠'라는 표현을 자주 사용한다. (물론 현실의 '가짜 인연'에게는 절대 쓰지 않고 인터넷 세상 속의 '진짜 인연'에게만 사용하는 표현이다) 이런저런 표현을 많이 생각해봤는데 오타쿠라는 표현만큼 나를 정확하게 표현하는 단어는 없는 것 같다.

그렇다면 오타쿠란 무엇일까.

오타쿠는 '집'을 뜻하는 단어에서 파생되어 '애니, 게임 등을 하며 집에서 좀처럼 나오지 않는 사람(히키코모리와 비슷한 표현이었던 듯하다)'을 의미하게 되었다는 썰도 있고, '당신'을 뜻하는 이인칭 대명사에서 파생되었다는 썰도 있다. 사실 인터넷발 용어가 모두 그렇듯 정확

> **오타쿠**
>
> 당신은 오타쿠라는 말이 무슨 뜻인지는 알고 지금 저에게 쓰는겁니까?
>
> 오타쿠(おたく)는 일본어로 '당신', '댁'이라는 뜻을 지닌 이인칭 대명사였지만 현재는 마니아라는 뜻으로 많이 쓰이지요.
>
> 애니메이션만 생각하면 이상하게 볼 수도 있겠지만 아인슈타인도 과학 오타쿠이고 슈바이처도 의학 오타쿠 아니겠습니까?

유명한 오타쿠 밈인 '황혼의 시간' 짤에서 발췌

한 기원을 찾는 것은 어렵고, 이제 와서 그 의미를 따져 봐야 무슨 소용이 있을까 싶다.

'오타쿠'라는 용어 자체가 대중적으로 사용되면서 그 의미가 많이 달라졌지만 '무언가를 광적으로 좋아하는 사람'이라는 뜻은 변치 않은 것 같다. 여기에 오타쿠의 '비주얼'에 대한 편견이 합쳐지면서 나쁜 의미로 사용되다가, 최근 들어 서브컬처가 대중성을 가지게 되면서 이전보다 조금 가벼운 의미로 변하고 있는 것 같은데….

(최근에는 오타쿠인 척하는 일반인을 뜻하는 '패션 오타쿠'라는 단어도 등장했으니 이 얼마나 놀라운 일인가)

단순히 애니메이션과 게임과 같은 특정 장르를 광적으로 좋아하거나, 이에 많은 시간을 쓰는 사람을 오타쿠라고 하기에는 애매한 감이 있다. 영화를 많이 봤다고 곧장 시네필이 되지 않듯 단순 숫자 계산이나 이론으로는 설명할 수 없는 '무언가'로 인해 머글↹과 오타쿠가 갈린다. 이 차이는 어디에서 오는 것일까.

'오타쿠'라는 말을 들으면 대부분 무언가를 열광적으로 좋아하는 사람을 떠올린다. 하지만 이는 오타쿠라는 현상의 표면만을 스치는 이해다. 오타쿠의 본질은 겉으로 드러나는 열정과 광기보다는, 잘 보이지 않는 깊이 있는 분석과 해석 그리고 그것을 통한 자기 이해의 과정에 있다.

우리는 일상적으로 수많은 것을 '좋아한다'고 말한다. 새로 나온 음악을 듣고 즐거워하거나, 드라마의 새로운 에피소드에 감동하기도 한다. 이런 감정 또한 분명 의미 있고 소중하다. 하지만 이것이 바로 오타쿠의 태도로 이어지는 것은 아니

↹ 《해리포터》 시리즈 세계관에서 마법을 쓰지 못하는 일반 사람을 지칭하는 말. 흔히 오타쿠 커뮤니티에서 '오타쿠가 아닌 일반인'을 뜻하는 용어.

쑨디
@deeplovehalf

이 정도 좋아하는 것도 오타쿠인가? << 진짜 오타쿠같은 사고방식

오전 11:56 · 2024년 10월 10일 · 2.6만 조회수

다. 일시적인 호감이나 열광은 문화 소비의 가장 기본적인 형태다. 맛있는 음식을 먹고 즐거워하는 것과 같은, 인간이라면 누구나 할 수 있는 자연스러운 감정적 반응인 것이다. 하지만 오타쿠의 영역은 일차적 반응을 넘어선 지점에서 시작된다.

바로 이 지점에서 '인터넷을 많이 해서 아는 게 많은 사람'과 '진짜 오타쿠'가 구분되기도 한다. 둘은 겉으로는 큰 차이가 없을 확률이 높은데 이는 가까이 접한 문화와 생각의 카테고리가 비슷하기 때문이다.

두 집단은 모두, 아는 덕질 장르도 많고 오타쿠의 사고방식을 완벽히 이해하며 가끔은 대상을 좋아하는 마음까지 비슷한 경우도 있다. 하지만 본질적으로 둘은 완벽하게 다르다.

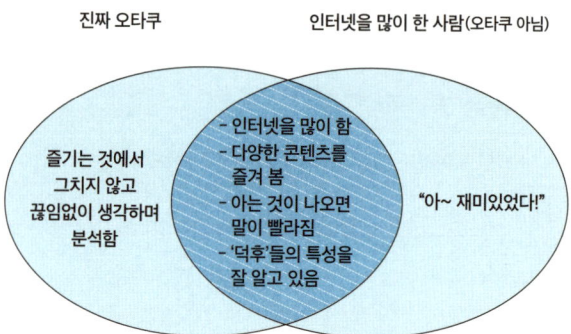

 '진짜 오타쿠'를 특징짓는 가장 중요한 요소는 분석하는 마음이다. 이는 단순 지적 호기심이나 비평적 태도와는 완벽하게 다른 차원의 것이다. 오타쿠의 분석은 좋아하는 대상을 더 깊이 이해하고자 하는 욕구에서 비롯되며 그는 이 과정에서 자신의 감정과 경험을 대상과 적극적으로 연결시킨다.

 예를 들어 영화에서 주인공이 사과를 한 입 베어 무는 장면이 나왔다고 해보자. 머글은 미장센이나 복선과 같이, 영상이나 연출의 기술적 측면을 찾아내고 분석할 테다. 하지만 오타쿠는 이를 가뿐히 뛰어넘는 또 다른 차원의 고찰을 해낸다. 그 장면이 자신에게 주는 감동의 이유를 찾아가며 이 과정에서 본인 삶의 경험과

쑨디 @deeplovehalf · 2022년 2월 2일

반지의제왕재미있지?누가최애야?아니어떤종족이최애인지만알려줘나머지는내가알아서판단할게줏대있게너반지의제왕1편보는중이야?그거맨처음에나레이션나오는거잘봐야해안그러면뒷내용이해하기힘들어레골라스가좋아?근데나중에보다보면호빗이진짜멋있어프로도가최애인데샘도멋있지만프로도가진짜멋

쑨디
@deeplovehalf

있는데너왜그냥알티만하고반응을안하냐?진짜너무한다근데김리도그랬어김리도자기아빠한테연락만잘했어도그런일이없었을텐데지금몇편보고있어?이거스포일수도있으니까빨리대답해줘참고로아라곤이멋있긴한데뭐라고할까그냥꽃같은?느낌이랄까진짜멋지다고생각되는건아무래도호빗같아호빗은희망을상징해

오전 10:48 · 2022년 2월 2일

그래, 바로 이렇게

감정을 잠고해 해석한다.

이렇게 오타쿠는 특정 장면이나 인물의 행동이 자신에게 주는 감동의 이유를 찾아가며 이 과정에서 자신

의 삶의 경험과 감정을 끊임없이 설명한다. 머글들에게 이런 행동은 종종 '감정 과잉'으로 해석되곤 한다. 아무래도 오타쿠의 공백 없이 꽉 들어찬 마음을 누군가에게 온전히 전하는 것은 어려운 일이다. 같은 온도의 마음을 지녔거나 맥락을 완벽히 이해한 동족에게 열변을 토하는 것은 큰 문제가 아니지만 대상이 머글일 경우 매우 참담한 결과를 낳는다. 양동이에 가득 찬 물을 접시에 쏟아내려고 하면 모조리 튕길 수밖에 없는 것처럼.

오타쿠의 이런 행동은 인간의 가장 근본적인 욕구 중 하나인 '이해받고 싶은 마음'에서 비롯된다. 우선 오타쿠라고 불릴 만큼 무언가를 열정적으로 탐구하고 사랑하는 성격을 가진 사람은 그 수가 많지 않다. 그렇다 보니 자신의 경험과 감정 그리고 해석을 마구 공유하고 싶은 특성을 가진 오타쿠들은 이 마음을 온전히 이해해줄 동료를 미치도록 갈구하게 된다. 현실의 사람들에게 이런 한도 끝도 없는 분석은 그야말로 '그뭔씹'↱이

↱ '그게 뭔데 씹덕아'의 줄임말로, 오타쿠의 해석을 들은 일반인의 정석적 반응이다. 덕분에 오타쿠는 현실에서는 이런 해석을 최소화하고 자신들만의 커뮤니티에서 해석과 감정을 나누곤 한다. 잠시 '씹덕'을 짚고 가자. 외래어를 한국어 발음으로 읽는 유행이 있던 때, 오타쿠라는 단어를 '오덕후'라고 부르는 관습이 자리 잡았다. 이를 '오덕' 또는 '덕후'로 줄여 불리던 명칭에, 비하의 의미인 '씹'이 붙어 '씹덕'이 된 것이다.

커* @dog********** · 2022년 8월 22일

근데 왜 앨리스인거야?

쑨디 @deeplovehalf · 2022년 8월 22일

한번만 설명할테니까 잘들어
보컬로이드는 무슨 세계관이 있는 애니가 아니라
그냥 노래를 부르는 툴이어서 사람들이 노래를
작곡한 뒤 걔네가 부르게하고 일러스트 같은것도
창작해서 매드뮤비도 만들고 그러는 거거든?
'인주앨리스'라는 노래에서 각 캐릭터들이
앨리스가 되어 이상한 나라에

쑨디 @deeplovehalf · 2022년 8월 22일

들어가게 되는 내용인데
나중에는 모든 앨리스들이 이상한 나라에서
빠져나오지 못하고 다들 죽거나 미치게됨 그리고
노래 후반부에 반전도 있어 보컬로이드의 7대
호러곡중에 하나니까 꼭 원곡을 들어보길 바래

youtube.com
[보컬로이드] 7대호러곡 - 인주앨리스

커* @dog********** · 2022년 8월 22일

미안 담임선생님이 부르셔서 이만 가볼게

그원썹 상황의 완벽한 예시

기 때문. 이런 욕구와 현실 사이 괴리가 계속되면서 표출되지 못한 해석이 쌓이다가 어떤 계기를 만나면 폭발하게 된다.

현대 사회는 점점 더 빠른 소비와 휘발성 높은 감정을 부추긴다. 소셜미디어의 타임라인은 끊임없이 새로운 자극을 제공하고 사용자들은 이를 빠르게 소비하고 잊는다. 많은 사람이 이런 디지털 세상의 특성을 누구보다 잘 따르는 것이 오타쿠일 거라 생각하지만 그건 오래된 착각이다. 그냥 인터넷이 덕질의 필수품이 되었으니 최대한 받아들이면서 살고 있을 뿐 사실 오타쿠의 감정은 디지털의 특성인 빠름과 일회성을 거부한다.

오타쿠에게 좋아하는 대상은 단순 소비재가 아니다. 오타쿠에게 좋아하는 작품·게임·사람은 끊임없이 새로운 의미를 발견할 수 있는 텍스트이며 삶과 세계를 이해하는 렌즈이다. 이들은 같은 작품을 반복해서 보면서도 매번 새로운 의미를 발견하며 이를 자신의 상황과 연결해 해석한다. 이는 단순 향수나 집착과 분명 다르다.

10년 정도 활동하지 않고 있는 한 아이돌 그룹을 예시로 들어보자. 히트곡도, 좋아하는 이도 많았던 만큼 이 그룹을 기억하는 대중도 많다. 자주 '추억의 그룹'이나 '다시 보고 싶은 그룹'으로 바이럴되곤 하는데, 바이럴된 게시물의 댓글 창에는 99%의 확률로 오타쿠가 존재하지 않는다. 이들에게 이 그룹은 '추억의 그룹'이나 '다시 보고 싶은 그룹'이 아닌 현존하는 그룹이기 때문이다.

  이처럼 오타쿠의 감상과 분석은 과거의 감정을 그대로 재현하는 것이 아닌 현재의 맥락에서 새로운 의미를 발견하는 과정이다. 오타쿠의 뜻을 짧게 축약하자면 다음과 같다.

쑨디
@deeplovehalf

원래 오타쿠는 5초도 안되는 찰나의 순간 때문에 인생을 망치는거야

오후 6:04 · 2024년 11월 4일 · 69.3만 조회수

  이해기 안 된다면 이해하지 않는 것도 좋다. 오타쿠의 세계는 역시 오타쿠끼리만 이해할 수 있는 법이니.

가장 보통의 오타쿠

흔히 '덕질'은 닿을 수 없는 존재를 좋아하는 강렬한 마음으로 표현되곤 한다. 이런 표현에는 뭔가 미화되고 과장된 면이 있다. 현직 덕후↳로서 말하자면 덕질은 머글들이 상상하는 것처럼 아련하거나 간절한 게 아니다.

오히려 덕질은 상당히 일상적인 감정에 가깝다. 친구를 걱정하는 마음, 연인을 사랑하는 마음과 크게 다르지 않다는 말이다. 단지 그 대상이 나를 모르는 사람이라는 점이 다를 뿐.

↳ 앞서 덕후의 본말은 오덕후라고 밝히며 오덕후는 오타쿠를 한국어 발음으로 읽은 단어라고 말했다. 따라서 책에서는 혼란을 피하고자 앞으로는 '오타쿠'로 통일하겠다. 하지만 분명 오타쿠와 덕후 사이에는 뜻을 밝혀 말하기는 어려운 미묘한 차이가 있다고 말하고 싶은 사람이 많을 텐데, 나도 동감하는 바이다.

> **쑨디**
> @deeplovehalf
>
> 맞음
> 지금이야 다들 너의이름은귀칼진격거 이런거 다 보고
> 덕후소녀<<라는 컨셉의 인싸들도 있잖아 근데 나때는… 애니
> 보다가 들키면 진짜 이지매당했음 나도 여러 위기가 있었지만
> 칸다유우와 고쿠데라 하야토가 날 지켜줘서 괜찮았음
>
> > 쑨디님 근데 솔직히 쑨디님 시대에는 오타쿠가 욕 아니었나
> > 요 요즘에야 좀 나 오타쿠 오타쿠 하지 전에는 외계인 바이러
> > 스? 거기 나오는 오타쿠처럼 걍 오타쿠면 욕먹었던고같은데
>
> 오후 7:27 · 2023년 2월 27일 · 26.9만 조회수

오타쿠에 대한 오해는 오타쿠에 대한 혐오로 이어지기도 한다

 흥미로운 점은 머글이 오타쿠를 표현할 때 나타나는 특징이다. 잘 모르는 영역이다 보니 묘하게 과장하거나 우스꽝스럽게 묘사하곤 하는데, 이는 관점의 차이에서 오는 오해가 아닐까 싶다. 덕질을 하지 않는 사람들은 오디쿠의 감정을 뭔가 특별하고 비일상직인 깃으로 어기는 듯하다.
 사실 받아들이기 싫은 것 자체는 개인의 취향이니

더 할 말이 없다. 하지만 이를 이미지화하여 소비하는 것이 문제다. 특정 사례를 바탕으로 희화화하고 우스꽝스러운 이미지를 만들어 일반화하는 것에 덕후들은 꾸준히 억울함을 주장해왔다.

아직까지도 큰 하드보드지에 남자 아이돌 플래카드를 만들어 들고 다니는 여고생에 대한 묘사나 이제는 정말 사어(死語)가 되어버린 00년대 오타쿠 말투("~라능" "~랄까")가 다양한 미디어에서 활용되고 있는 것을 보면 한숨이 절로 나올 지경이다.

하지만 덕질의 본질은 단순하다. 누군가 기분이 안 좋아 보이면 걱정하고, 좋은 일이 있으면 함께 기뻐하

쑨디
@deeplovehalf

드라마, 예능에서 오타쿠나 빠순이 따라할 때 고증 이상하다고 욕나오는 이유

메디컬 드라마 볼 때 의사, 간호사 들이 어이없어하는거랑 같은 이유죠 원래 그런겁니다

오전 1:16 · 2024년 4월 13일 · 9만 조회수

고, 무슨 일이 있는 건 아닐지 고민하게 되는 마음. 친구 사이에도, 가족 사이에도 흔히 있는 일이다. 차이가 있다면 이런 마음을 나의 존재를 모르는 이에게 준다는 것뿐이다. 보통 주변 사람에게 내어주는 마음의 방을, 나와 직접적인 관계가 없는 누군가에게 내어주는 것. 이것이 덕질의 핵심이다.

이런 관점에서 보면 덕질을 특별한 현상으로 보는 시각 자체가 좀 우습다. 누구나 좋아하는 배우가 있고 응원하는 운동선수가 있고 즐겨 듣는 가수가 있지 않나. 모든 것은 '정도'의 차이일 뿐, 이것도 결국 덕질의 한 형태다. 오히려 덕질은 현대사회에서 일어나는 자연스러운 감정 표현 방식 중 하나이다. 소셜미디어를 포함한 여러 매체의 발달로 더 많은 이의 일상을 보게 되었고, 그만큼 그들에 대한 관심과 애정도 자연스러워졌으니.

요즘은 덕질의 방식도 많이 달라지고 있다. 과거처럼 멀리서 동경하기만 하는 게 아니라 좀 더 일상적이고 현실적인 방식으로 변화하고 있는 것.

특히 이런 덕질 방식의 변화는 '아이돌 덕질'을 중심으로 이뤄지고 있다. 과거에는 아이돌과 소통할 방법이 많지 않았다. 기껏 해봤자 불특정 다수의 팬을 위한 편

지나 회사를 통해 전해지는 메시지 정도가 전부였고, 아이돌과 직접 소통할 수 있는 유타(UFO Town)↱ 서비스가 잠깐 인기를 끌었지만 실시간 소통의 한 종류로 보기에는 여러모로 애매했다.

이후 소셜미디어가 일상에 들어오면서 보다 쉽게 아이돌의 근황을 확인하고 (지금은 역사 속으로 사라졌지만) V앱, 위버스, 버블 등의 플랫폼을 통해 대화하듯 소통할 수 있게 되었다. 이런 변화는 덕질이 가진 '특별한 감정'이라는 프레임을 더욱 무의미하게 만든다.

재미있는 건, 오히려 덕질을 하지 않는 사람들이 덕질의 감정을 특별하게 본다는 점이다. 덕질을 판타지 로맨스처럼 미화하거나 이상한 집착으로 치부해버리는 현상을 자주 목격할 수 있다. 하지만 실제 덕질은 그 중간쯤에 있다. 평범한 호감과 관심, 걱정과 응원이 섞인 감정. 물론 덕질에도 정도 차이는 있다. 과하게 빠져드는 경우도 있고 단순한 취미 수준으로 즐기는 경우도 있다. 이러한 과정 또한 일반적인 인간관계에서 흔히 볼 수 있다. 누구나 한 번쯤은 특정

↱ 아이돌에게 직접 문자를 보내면 답장을 받을 수 있던 서비스. 답장은 모두에게 가는 것이 아니라 특정 개인에게만 전송되는 형태라서 누군가 인터넷에 올리지 않으면 다른 이들은 아무도 볼 수 없었다. (인터넷에 유타 모음을 쳐보세요)

관계에 과하게 몰입했다가 균형을 찾아가는 과정을 겪지 않나.

이전에는 직접적인 관계만을 '진짜' 관계로 여겼다면 요즘은 다양한 형태의 간접적인 관계도 자연스럽게 받아들이는 추세이다. 여러 매체를 통해 우리는 수많은 사람과 간접적으로 관계를 맺는다. 유튜버의 일상을 구독하고, 인플루언서의 조언을 듣고, 먼 나라의 아티스트와 교감한다. 이처럼 덕질은 현대사회에 새로이 등장한 관계 맺기 방식의 하나일 뿐이다.

덕질을 특별한 것으로 규정하려는 시도는 오히려 현상을 제대로 이해하지 못하게 만드는 방해물이 된다. 덕질은 그저 우리가 가진 평범한 감정이 시대의 변화에 맞춰 자연스럽게 진화한 것이다. 주변 사람에게 주는 관심과 애정을, 조금 더 먼 대상에게도 줄 수 있게 된 것뿐.

물론 이 모든 건 전부 내 생각일 뿐이다. 덕질의 의미는 사람마다 다르고 그래서 더 다양한 해석이 가능할 것이다. 굳이 누군가에게 이해받으려 애쓸 필요도 없다. 덕질은 정답이 있는 것이 아니라 일종의 스펙트럼이기 때문에 각자의 방식으로 이해하고 받아들이면 된다. 오히려 다양한 시선과 해석 덕분에 덕질이라는 현상이 더 흥미롭게 느껴지는지도 모른다. 결국 중요한 건 '내가 이 마음을 어떻게 이해하고 받아들이는가'에 있으니까!

 쑨디
@deeplovehalf

진짜 솔직히 말하면 너무 오타쿠로 오래 살아서 갓반인, 대중 여러분들의 사고방식이 이해가 안감

오후 11:53 · 2024년 11월 23일 · 21.5만 조회수

물론, 이해의 과정은 일반인에게도 오타쿠에게도 모두 어렵고 험난하다

가상의 이야기를 통해 우리는 어떻게 구원받는가

우리는 왜 '이야기'에 끌리는 걸까. 어린 시절부터 동화책을 읽고 영화를 보고 게임 속 캐릭터가 되어 수많은 이야기를 만나는 과정에서 우리는 점차 깨닫게 된다. 이야기란 오락거리가 아니라 세상을 바라보는 창이라는 것을.

이야기라는 창문 앞에 섰을 때, 우리에겐 두 가지 선택지가 주어진다. 멀리 떨어져서 창문 안에 담긴 세상만을 바라보는 것 혹은 창문 너머 이야기 속 세계로 직접 뛰어드는 것. 전자가 일반적인 감상이라면 후자는 '덕질'에 가깝다.

재미있는 점은 가상의 세계가 때로는 우리가 사는 현

실보다 더 선명하고 진실한 순간을 보여준다는 점이다. 실제 삶에서는 너무 가까이 있어서 혹은 너무 복잡해서 보지 못했던 진실을 이야기는 선명하게 비추곤 한다.

〈팀 버튼의 크리스마스 악몽〉은 이야기의 힘을 잘 보여준다. 핼러윈 마을의 왕, 잭은 겉보기에 완벽한 삶을 살고 있지만 그의 내면은 공허하다. 우연히 발견한 크리스마스 마을에 매료된 그는 마을을 이해하려 하기보다는 소유하려 든다. 이는 우리가 흔히 저지르는 실수를 상징적으로 보여준다. 우리는 종종 우리가 사랑하는 것을 '이해'하기보다는 '소유'하려다 오히려 그 본질을 놓치고 만다.

우리는 때로 이야기 안으로 깊이 들어가 그곳에서 삶의 다양한 가능성을 발견하기도 한다. '덕질'이라 불리는 몰입의 과정은 단순 소비 행위를 넘어서곤 하는데 '혼자만의 덕질'이 하나의 작품을 끝없이 해석하는 실험이라면 '다른 이들과의 공유'는 해석의 스펙트럼을 무한히 확장시키는 일이다. 여러 사람의 시선이 만나는 지점에서 우리는 더 넓은 세계를 발견하게 된다.

이야기는 따뜻한 위로로, 때로는 날카로운 도전으로, 때로는 새로운 가능성으로 다가온다. 분명한 것은

<u>우리는 언제나 이야기를 통해 '무언가'를 찾고 있다는</u> 점이다. 이 발견의 여정 자체가 어쩌면 우리가 말하는 '구원'의 시작일지 모른다.

이야기를 통한 구원이라고 하면 대개 단순한 현실도피를 떠올린다. 물론 힘든 현실에서 벗어나 가상의 세계로 도망치는 일은 우리 인생에서 중요하다. 하지만 이야기가 우리를 구원하는 방식은 그보다 훨씬 더 복잡하고 역설적이다. 그리고 그 역설 속에서 우리는 진정한 의미의 구원을 발견하게 된다.

쑨디
@deeplovehalf

더폴 2회차 달리면서 생각한 거

더폴은 인간이 인간을 구원하는 이야기이면서 동시에, 영화(픽션)이 인간을 어떻게 구하는지 알려주는 이야기

우리는 왜 영화를 보고, 책을 읽는지에 대한 설명같기도 했음
너의 이야기이면서 동시에 내 이야기이니까

오후 1:23 · 2024년 12월 30일 · 3.2만 조회수

나의 최애 영화인 〈더 폴〉은 이런 지점을 잘 보여주는 영화다. 꼭 한번 보시길

첫째는 거리두기의 역설이다. 우리는 때로 현실의 문제와 너무 가까이 있어서 오히려 그것을 제대로 볼 수 없게 된다. 마치 그림을 너무 가까이서 보면 전체적인 구도가 보이지 않듯이. 이때 이야기는 우리에게 적절한 거리를 선물한다. 비슷하지만 다른 누군가의 이야기를 통해 우리는 자신의 문제를 마치 타인의 일처럼 바라볼 수 있게 된다. 거리두기는 역설적으로 우리를 문제의 본질에 더 가까이 데려간다. 우리는 이야기 속 인물의 고민을 바라보며 우리 자신의 모습을 발견하고 그들의 선택에 대해 고민하며 우리의 선택에 대해 생각한다. 이는 도망이 아닌 더 나은 이해를 위한 전략적 후퇴다.

둘째는 안전한 실험실로서의 기능이다. 현실에서의 선택은 돌이킬 수 없는 결과를 가져온다. 그렇기에 우리는 종종 안전한 선택, 검증된 길만을 고집하게 된다. 하지만 이야기 속에서 우리는 모험을 감행할 수 있다. 주인공의 대담한 선택을 지켜보면서 우리는 선택의 결과와 의미를 안전하게 경험한다. 이는 대리 만족을 넘어서는 감정이다. 우리는 이야기를 통해 다양한 삶의 가능성을 탐험하고 그 과정에서 선택에 대한 통찰을 얻는다. 이처럼 이야기는 우리에게 실패해도 괜찮은 안전한 실험실을 제공하며 그곳에서 우리는 평소보다 조금 더 용감해질 수 있다.

셋째는 보편성이 주는 위로다. 고통받는 사람에게 가장 큰 고통은 '왜 하필 나에게 이런 일이?'라는 생각일 것이다. 외로움, 고립감 그리고 이해받지 못한다는 느낌은 본래의 고통을 더욱 심화시키기도 한다. 하지만 이야기는 우리의 고통이 얼마나 보편적인지를 보여준다. 우리가 겪는 상실과 좌절, 혼란 그리고 방황은 인간이라면 누구나 겪는 것임을, 이야기는 우리에게 속삭여준다. '나만의 이야기'가 '우리의 이야기'가 되는 순간, 우리는 더 이상 혼자가 아니라는 깊은 위로를 받게 된다.

넷째는 새로운 의미의 발견이다. 좋은 이야기의 특징은 시간이 흘러도 계속해서 새로운 의미를 던져준다는 점에 있다. 이는 이야기가 변해서가 아니라 우리가 변하기 때문이다. 우리의 경험이 쌓이고 관점이 성숙해지면서 같은 이야기도 전혀 다른 얼굴을 보여준다. 우리와 이야기는 마치 오래된 친구와의 관계처럼 시간이 흐를수록 더 깊어지고 풍성해진다. 이야기는 우리의 성장에 발맞춰 끊임없이 새로운 통찰을 건네주며 그때그때 우리에게 필요한 의미를 선물한다.

다섯째는 <mark>관계의 회복</mark>이다. 현대사회에 소통의 도구는 넘쳐난다. 하지만 정작 이 시대를 살아가는 우리는 누군가와 진심을 나누고 깊게 소통하는 것에 점점 더 어려움을 느끼고 있다. 이때 이야기는 우리를 연결하는 매개체가 된다. 같은 이야기를 두고 서로 다른 해석을 나누는 과정에서 우리는 타인의 관점을 이해하는 법을 배운다. 내가 보지 못한 것을 본 누군가의 시선은 내 세계를 확장시킨다. 우리는 이야기를 매개로 서로의 내면을 들여다보고 타인의 삶의 맥락을 이해하게 된다. 그리고 이런 이해는 인간을 더욱 인간답게 만드는 '배려'나 '공감'의 기반이 된다. 이렇게 이야기는 나의 세계를 확장해준다.

이야기는 다양하고 심오한 방식으로 우리를 구원한다. 이야기를 통해 현실을 더 깊이 이해하고 받아들일 수 있게 된다. 우리는 이야기 속에서 잠시 숨을 고르고 새로운 통찰을 얻으며 다시 현실로 돌아올 힘을 얻는다. 그리고 그 과정에서 조금 더 성장한 자신을 발견하게 된다. 이것이야말로 이야기가 가진 진정한 구원의 힘이다.

시간이 흐르면서 우리의 삶이 변하듯 이야기를 읽는 우리의 눈도 변한다. 어쩌면 이것이야말로 이야기가 가

쑨디
@deeplovehalf

근데 역시 콘텐츠와 그걸 바라보는 사람들에 대한 이야기와 생각을 멈출수가 없는 듯 왜냐면 존나 재미있음

오전 10:33 · 2025년 2월 23일 · 3.2만 조회수

그리고 구원보다 중요한 건 역시 재미겠지

진 가장 특별한 마법일지도 모른다. 같은 이야기가 시간의 흐름 속에서 전혀 다른 의미로 다가오는 순간 우리는 자신의 성장을 목격하게 된다.

〈센과 치히로의 행방불명〉은 이런 성장의 과정을 잘 보여주는 콘텐츠다. 이 영화를 처음 볼 때, 많은 이들은 치히로와 하쿠의 이별 장면에 주목한다. '순수한 감정의 상실 혹은 성장을 위해 치러야 하는 아픈 대가'로 장면을 읽어내는 것이다. 하지만 시간이 흐르고 다시 이 영화를 마주할 때, 우리는 전혀 다른 이야기를 발견하게 된다. 이별은 끝이 아닌 새로운 시작이 될 수 있다는 이야기, 그리고 이별의 과정에서 우리가 어떻게 더 단단해지는지에 대한 이야기를 발견하게 된다.

여기서 주목할 점은 이야기 자체는 변하지 않았다는

것이다. 변한 것은 이야기를 바라보는 우리의 눈이다. 더 많은 경험을 하고 더 깊은 상처를 겪고 더 복잡한 관계를 맺은 뒤에는, 같은 이야기도 다르게 읽히기 시작한다. 마치 오래된 거울이 시간에 따라 다른 모습을 비추듯이 거울은 그대로지만 그 앞에 선 우리의 모습이 달라지는 것이다.

우리는 이야기를 통해 타인의 성장도 함께 목격한다. 같은 작품을 두고도 서로 다른 해석이 나오는 것은 각자가 자신의 삶의 맥락에서 이야기를 읽어내기 때문이다. 이 과정에서 우리는 타인의 경험과 시선을 빌려 세상을 더 풍부하게 바라보는 법을 배우게 된다.

예를 들어 〈나루토〉라는 작품은 표면적으로는 소년의 성장과 모험을 다룬 이야기다. 하지만 작품을 거듭 볼수록 더 깊은 층위의 이야기를 발견하게 된다. 노력의 의미에 관한 질문, 복수와 용서의 순환, 세대 간의 단절과 화해 그리고 평화란 무엇인가에 대한 깊은 성찰까지. 처음에는 발견하지 못했던 주제들이 우리의 삶이 쌓여갈수록 더 선명하게 모습을 드러낸다.

이야기는 우리의 성장을 비추는 거울이며 동시에 그 성장을 이끄는 안내자가 된다. 우리는 이야기 속에서

쑨디
@deeplovehalf

나루토는세상에서가장큰사랑을알고있는사람이가장강해질
수있다는사람은사랑으로강해진다는널생각하면강해진다는
누군가를생각하고걱정하고그리워하고믿고의지하고친구가
되고누군가의딸이자아들이자누군가의부모가된다는것이얼
마나숭고하고아름다운것인지알려주는그런이야기야

오전 1:26 · 2023년 9월 12일 · 3.3만 조회수

과거의 자신과 만나고 현재의 모습을 확인하며 미래의 가능성을 상상한다. 그리고 그 과정에서 우리는 조금 더 나은 자신이 되어간다.

이런 관점에서 보면 좋은 이야기란 단순히 재미있거나 감동적인 이야기가 아니다. 우리와 함께 자라나는 이야기, 시간이 흘러도 계속해서 새로운 의미를 던져주는 이야기가 진짜 '좋은' 이야기다. 마치 오래된 친구처럼 때로는 위로를, 때로는 도전을, 때로는 깊은 통찰을 건네주는 이야기.

이렇게 이야기와 함께 성장하며 우리는 어디로 흘러가게 될까. 그 종착지는 다름 아닌 돌고 돌아 다시 마주하게 된 눈앞의 현실이다. 많은 사람들이 이야기를 통한 구원을 현실도피로 오해하지만 진정한 구원은 언제나 현실로의 귀환을 전제로 한다. 이야기는 우리에게 잠시 쉴 곳을 제공하고 우리는 그곳에서 다시 현실로 돌아갈 힘을 모은다.

이때 우리는 가상의 이야기가 현실의 진실을 더 선명하게 보여준다는 사실을 발견할 수 있다. 이야기는 현실의 복잡성을 일정한 형식 속에 담아냄으로써 우리가 그것을 더 명확하게 인식할 수 있게 해준다. 이야기는 우리에게 다른 가능성을 알려주기도 한다. 현재의 현실이 유일한 현실이 아님을, 우리의 선택에 따라 현실은 얼마든지 다른 모습이 될 수 있음을 보여주는 것이다. 이것이 바로 이야기가 가진 해방적 기능이다.

많은 직장인들이 퇴근 후 회사 동료들과 술을 마시며 푸는 스트레스를, 어떤 이는 책을 읽으며 풀어낸다. 전자가 현실 속에서 현실을 잊으려 하는 것이라면 후자는 이야기를 통해 현실을 다른 관점에서 바라보는 것이다. 둘 다 일종의 도피처럼 보일 수 있지만 그 결과는 사뭇 다르다. 이야기 속에서 우리는 일시적인 위로를 넘어 새로운 가능성과 방향성을 발견하기 때문이다.

진정한 구원은 현실로부터의 도피가 아니라 현실을 변화시킬 수 있다는 희망과 용기를 얻는 것이다. 이야기는 우리에게 희망과 용기를 준다. 다른 삶이 가능하다는 것, 지금의 고통이 영원하지 않다는 것 그리고 우리 모두는 자신만의 이야기를 써나갈 수 있다는 것을.

이것이 이야기가 우리에게 건네는 마지막 선물이다. 우리도 언젠가는 누군가에게 들려줄 만한 이야기의 주인공이 될 수 있다는 희망. 그 희망은 우리로 하여금 매일을 더 의미 있게 살게 하는 동력이 된다.

우리는 왜 이야기에 이끌리는 걸까. 이 질문으로 시작했던 우리의 여정이 이제 마지막에 다다랐다. 지금까지 이야기가 어떻게 인간을 불러내고 어떻게 구원하는지 함께 살펴보았다. 분명 허구이고 눈에 보이지 않지만 때로는 현실보다 더 진실하게 느껴지는 가상의 세계가 삶에 실질적인 변화를 가져온다. 우리는 이야기 속에서 위로를 받기도 하고 도전을 받기도 하고 때로는 깊은 깨달음을 얻기도 한다. 그리고 이런 과정들을 거치면서 조금씩 성장해간다.

이야기는 우리에게 현실이 아무리 힘들고 답답하더라도 다른 길이 있음을 알려준다. 우리는 이야기 속에서 다양한 선택과 결과를 만나면서 삶의 다음 장을 어떻게 써 내려갈지 구체적으로 상상한다. 예를 들어 영화 〈더 폴〉의 주인공 로이는 병원에서 만난 소녀 알렉산드리아에게 자신의 인생을 닮은 이야기를 들려준다. 알렉산드리아는 점점 로이의 이야기에 빠져들고 이야기의 전개에 직접 참여하거나 인물의 감정을 스스로 해석하기도 한다. 이후, 절망에 빠져 이야기를 새드엔딩으로 끝내려는 로이에게 알렉산드리아는 말한다.

"이건 내 이야기이기도 해요."

이 대사를 위 맥락에서 이해해보자. 분명 감동이 두 배가 될 것이다. (앞으로도 계속 등장할 〈더 폴〉 이야기에 '그뭔씹'이라 반응하지 말고 꼭 한번 보기를 권한다)

모든 사람은 각자의 인생이라는 이야기를 쓰는 중이다. 매일매일 자신의 이야기를 써 내려가면서 동시에 다른 사람들의 이야기를 읽는다. 그 과정에서 조금씩 더 나은 이야기를 써 내려가는 법을 배운다. 나의 이야기를 해피엔딩으로 만들거나 지옥으로 보내는 일 모두 나만이 할 수 있다. 모두 자신의 이야기를 소중히 대하며 주인공으로서 꼭 살아남으시길. 그리고 이야기의 끝에 그 모든 일이 있었음에도 여전히 '당신'이기를.

"좋아해"라는 말의 의미

소셜미디어를 보다 보면 재미있는 사실을 발견하게 된다. 한 달 전만 해도 모두가 열광하던 콘텐츠, 다들 '인생 영화다' '최고의 드라마다' 난리였던 바로 그 콘텐츠에 대해 더는 아무도 이야기하지 않는다는 사실. 한때 뜨거웠던 관심은 흔적도 없이 사라져 있다는 사실을.

OTT 시대가 되면서 이런 현상이 더 심해졌다. 요즘은 거의 일주일 단위로 화제작이 바뀐다. 이번 주는 넷플릭스 오리지널, 다음 주는 티빙 오리지널, 그다음 주는 애플티비플러스 시리즈…. 새로운 콘텐츠가 나오면 일제히 몰려들고 한 주 동안은 그 콘텐츠 이야기로 피드가 도배되다가 다음 주가 되면 마치 약속이라도 한

듯 다들 새로운 드라마 이야기를 한다. 이제 콘텐츠는 패스트푸드처럼 빠르게 소비되고 잊힌다.

〈오징어 게임〉이 세계적인 신드롬을 일으켰던 게 엊그제 같은데 지금은 누구도 그 이야기를 하지 않는다. 심지어는 '구리다'는 인상마저 풍기는 듯하다. 누군가의 말처럼 콘텐츠의 유통기한이 점점 짧아지고 있다. 개봉 후 열흘만 지나도 오래된 콘텐츠가 되는 시대가 도래한 것이다. 이런 현상을 더욱 가속화한 주범은 바로 '알고리즘'이다. 알고리즘은 끊임없이 새로운 것을 추천한다. 사람들은 이에 열광하다 또 금세 식상해 한다. 어제의 '핫템'은 오늘의 상장폐지 종목이 되고 이달의 밈은 다음 달이면 구식이 된다. 정말이지 '대세'라는 단어만큼 허망한 게 없는 시대이다.

하지만 그 와중에도 변치 않는 게 있다. 10년이 지나도 여전히 설레는 나의 '최애' 콘텐츠. 지칠 때마다 찾게 되는 특별한 작품들. 시간이 흘러도 변함없이 좋아하는 마음. 이런 게 바로 진짜 취향이 아닐까. 나는 오래전부터 '인생 영화'라는 표현에 의문을 품어왔다. 인생 영화라면 적어도 세 번 이상은 봐야 하지 않나. 처음 본 감동에서 그치는 것이 아니라 시간이 지나도 여전

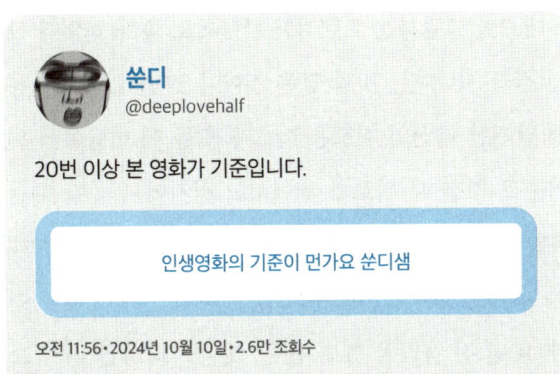

히 가슴을 울리는 작품이어야 하지 않나. 한 번 보고 감동했다고 그게 진짜 '나의 영화'가 되는 건 아니다. 진짜 내 영화는 시간이 지나도 계속해서 나를 부르는 그런 작품이다.

재미있는 건 취향은 하루아침에 만들어지지 않는다는 점이다. 처음엔 막연한 호기심으로 시작한 것이 시간이 지나면서 조금씩 나만의 의미를 가지게 된다. 그 과정을 우리는 '덕질'이라고 부른다. 덕질에는 시간이 필요하다. 작품을 찾아보고 관련 자료를 수집하고 나른 팬들과 이야기를 나누고… 이런 과정들이 쌓이면서 그저 '재미있는 것'이 '특별한 것'으로 바뀌어간다.

대중이 열광하는 트렌디한 콘텐츠도 좋다. 하지만 그건 결국 지나가는 바람 같은 것이다. 반면에 덕질을 통해 발견한 나만의 취향은 다르다. 힘들 때 버팀목이 되어주고 지칠 때 위로가 되어주고 심지어 우울할 때는 유일한 즐거움이 되어준다. 내 취향이 남들에게는 시대에 뒤처진 것처럼 보일 수도 있다. 하지만 그게 뭐 어떤가. 10년 전 음악을 계속 듣든, 옛날 드라마만 다시 보든, 그게 나를 행복하게 만든다면 그걸로 충분하지 않나. 실제로 나의 음악 플레이리스트에는 10년 전 노래만 가득하며 아직도 〈킬미힐미〉와 〈시크릿 가든〉이 너무 재미있다.

같은 의미에서 사랑스러운 나의 플레이리스트를 공유한다. 90년대 영화만 좋아한다고 올드하다 느낄 필요도, 클래식이나 록만 듣는다고 촌스럽다고 느낄 필요도 없다. 그저 당신의 영혼이 반응하는 진동수가 다른 것일 뿐. 새로운 것에 대한 호기심은 늘 열어두되 자신의 취향에 대한 확신도 잃지 말아야 한다. 종종 이런 생각이 든다. 트렌드를 좇느라 정작 내가 뭘 좋아하는지도 모르고 사는 건 아닐까. 남들이 좋다고 하니까 나도 봐야 할 것 같고 대세라고 하니 나도 들어봐야 할 것

Playlist

거짓말 BIGBANG

모두 다 쉿! 쥬얼리

Baby Baby 소녀시대

I Don't Care 2NE1

Diva 애프터스쿨

YOU AND I 박봄

거짓말 (Part.1) 티아라

Candy Man 브라운아이드걸스

Love Like This (네게로) SS501

Supa Dupa Diva 달샤벳

To Me (내게로..) 레인보우

Heart To Heart 4minute

이러쿵 저러쿵 F-ve Dolls

Bad Girl Good Girl 미쓰에이

뱅(Bang)! 애프터스쿨

A 레인보우

숨 비스트

UGLY 2NE1

0:05 — 2:26

내가 사랑하고, 나를 살린 노래들

같고…. 하지만 트렌드는 쉽게 잊힌다. 내가 진짜 좋아하는 것만이 변함없이 나를 설레게 만든다.

어쩌면 이게 덕질의 가장 큰 의미일지도 모른다. 빠르게 변하는 세상 속에서 나를 나답게 만드는 무언가를 찾는 일 그리고 이를 통해 조금 더 단단한 나를 만들어가는 일. 트렌드는 금방 지나가지만 갈고닦아 만들어진 취향은 오래도록 나의 일부로 남는다. 한동안 '취향 저격'이라는 말이 유행했다. 하지만 진짜 중요한 건 나의 취향이 무엇인지 아는 것이다. 취향을 '저격'당하기 전에 내가 먼저 나의 취향을 제대로 알고 있어야 한다. 취향이란 결국 자신을 이해하는 과정이기도 하니까.

누군가 "우리가 읽는 책이 우리를 만든다"고 했다. 이 말을 확장해보면 우리가 보는 영화와 듣는 음악, 좋아하는 모든 것이 결국 우리를 만든다. 그러니 유행을 좇느라 정작 자신의 취향을 잃어버리는 일만큼 안타까운 일도 없다. 어떤 이는 이렇게 물을지도 모른다. 무언가를 진심으로 계속해서 좋아하는 게 가능하냐고. 대상을 처음 발견했을 때의 설렘은 시간이 지날수록 깊은 애정으로 바뀌어간다. 그리고 그 마음이 모여 결국 나라는 사람을 만든다.

결국 중요한 건 '내가 무엇을 좋아하는지'를 아는 것 그리고 취향을 부끄러워하지 않는 것이다. 유행이 아니라는 이유로, 남들이 이해하지 못한다는 이유로 숨길 필요 없다. 그건 그저 내가 나인 이유니까. 시간이 지날

쑨디
@deeplovehalf

그러니까 오타쿠는, 그러니까 남들이 뭐라해도 절대 양보할 수 없는 취향이라는게 있거든요 저는 그 취향을 지키는 방식이 멋있는 사람을 좋아하는 것 같아요

오후 11:40 · 2024년 10월 9일 · 1.5만 조회수

수록 더 선명해지는 나만의 색깔이기도 하고.

잊지 말아야 할 건 오래 좋아하는 과정에서 우리 자신이 더 단단해진다는 것이다. 트렌드를 따르느라 지치지 않고 남들의 시선에 흔들리지 않고, 내가 좋아하는 걸 확실히 아는 사람은, 그만큼 자기 자신도 잘 아는 법이다. 덕질은 결국 자기 확신을 만들어가는 과정이다.

특히 요즘처럼 모든 게 빠르게 변하는 시대에는 흔들리지 않는 취향이 더욱 소중하다. 나를 설레게 하고 위로해주는 단 하나의 변치 않는 취향이 있다는 게 얼마나 다행인가. 힘들 때마다 다시 찾게 되는 노래, 지칠 때마다 꺼내 보는 작품, 우울할 때조차 미소 짓게 만드는 어떤 사람. 이들이 있어 우리는 조금 더 단단하게 하루

하루를 버틸 수 있다.

 '좋아하는 게 많다는 건 살아갈 이유가 많다는 뜻'이라는 말이 있다. 우리의 취향은 곧 우리가 세상과 맺는 관계이자 복잡한 세상으로부터 나를 지키는 작은 울타리다. 나는 이런 감정을 소중히 간직하며 살아가고 싶다. 쉽게 질리고 쉽게 잊히는 시대지만 적어도 이 마음만큼은 오래도록 간직하고 싶다. 나를 나답게 만들어주는 이 취향들과 함께라면 앞으로의 시간도 조금 더 특별해지지 않을까. 싫은 게 참 많은 이 세상에 좋아하는 게 하나 있다는 것은 기적 그 자체다. 좋아하는 것을 소중히 하자. 좋아하는 것을 아껴주자. 그리고 좋아하는 것을 많이 만들자. 그렇게 기적의 횟수를 늘려가자.

쑨디
@deeplovehalf

생각보다 나랑 취향 같은 사람들이 많아서 기쁘다. 동질감.
이 사회에 내가 소속하고 있다는 느낌.

오후 4:48 · 2024년 3월 12일 · 1.7만 조회수

> **오타쿠와 빠순이,
> 그 어딘가에서**

나는 아이돌 팬인 동시에 2D⤴ 오타쿠다. 두 가지 정체성을 모두 가지고 있다 보니 종종 두 문화의 공통점과 차이점을 관찰하게 된다. 이는 일차원적인 호기심을 넘어 내가 왜 이 두 가지 덕질에 매료되었는지를 이해하고 싶은 마음에서 비롯된 것이기도 하다. 언뜻 보기에 두 세계는 매우 다르다. 하나는 현실에 존재하는 사람을 좋아하는 것이고 다른 하나는 창작된 캐릭터나 세계를 좋아하는 것이나. 팬덤 형태도, 소비 방식도, 문화를 향유하는 태도도 꽤 다르

⤴ 3차원 공간의 현실 세상과 대비되는 2차원(Two Dimension) 세상을 뜻한다. 일본 만화 화풍을 비딩으로 칭직된 민화, 애니메이션, 게임 속 세계를 뭉뚱그려 부르는 것에서 출발했으며 물리적 차원과 완전히 일치하는 것은 아니다.

다. 하지만 두 세계는 생각보다 많은 것을 공유하고 있다. 이야기에 앞서 두 세계를 잘 그려낸 콘텐츠를 잠깐 보고 가자. 바로 그 유명한 〈은혼 2〉의 오타쿠 토론이다.

〈은혼2〉

시무라 신파치(스다 마사키 분): 저흰 아이돌이란 현실의 존재를 응원하지만 애니나 게임의 2D 여성을 사랑하는 건 말이 안 되죠. (…) 아무리 2D를 사랑한들 이루어질까요? 결국 시간 낭비죠.

히지카타 토시로(야기라 유야 분): 이의가 있는데 말해도 될까요? 53번(신파치) 이야기는 3D 오타쿠가 2D 오타쿠보다 현실을 직시한단 말 같은데, 그렇다면 묻겠는데 아이돌을 응원하면 언젠가 결혼할 수 있다고 생각하나?

시무라 신파치: 그건….

히지카타 토시로: 못하지? 즉 2D든 3D든 헛된 사랑을 한단 점에서 우린 동족이야.

가장 근본적인 공통점은 '사랑과 욕망'이라는 감정이다. 대상을 향한 순수한 애정과 그것을 '소유'하고 싶어 하는 욕망이 공존한다. 아이돌 팬들이 굿즈를 모으고 앨범을 사 모으는 것이나 오타쿠들이 피규어를 수집하고 원작 만화를 모으는 것이나 본질적으로 같은 행위다. 둘 다 자신이 사랑하는 대상의 '일부'를 소유하고 싶어 하는 마음의 표현이다.

↪ 해당 영상의 댓글 중에는 실제로 "트위터에서 일년에 한번씩 20 저렇게 싸움 투디랑 돌판이랑"이라는 댓글이 있다. 참고로 내가 쓴 댓글은 아니다.

또 다른 공통점은 '몰입'의 깊이다. 아이돌 팬들이 자신이 좋아하는 아이돌의 일거수일투족을 파악하고 있듯 오타쿠들도 자신이 좋아하는 작품의 세세한 설정까지 꿰고 있다. 깊은 몰입은 때로 '과도하다'고 여겨지기도 하지만 당사자들에게는 너무나 자연스러운 일이다. 좋아하니까 더 알고 싶어지는 건 당연한 일이겠지.

팬심을 공유하고 싶은 마음도 비슷하다. 아이돌 팬이든 오타쿠든, 자신이 좋아하는 것의 매력을 다른 사람과 나누고 싶어 한다. 물론 방식은 다를 수 있다. 아이돌 팬들은 좀 더 적극적으로 홍보하는 경향이 있고 오타쿠들은 좀 더 '내가 좋아하는 것의 가치를 알아봐주는 사람'과 공유하고 싶어 한다. (바로 이런 점에서 일명 '씹덕스러움'이 묻어나오는 걸지도 모르겠다) 하지만 좋아하는 것의 가치를 인정받고 싶어 하는 마음은 같다.

그러나 이런 공통점 속에서도 미묘한 차이가 존재한다. 이 차이는 '대상이 실존하는가'의 문제를 넘어선다. 문화가 발전해온 과정, 팬덤이 형성되는 방식 그리고 무엇보다 '팬심을 표현하는 방법'에서 독특한 차이를 보인다. 흥미로운 점은 시간이 지날수록 그리고 규모가 커질수록 이런 차이가 뚜렷해진다는 점이다.

표면적으로 봤을 때, 아이돌 팬과 2D 오타쿠의 가장 큰 차이점은 '좋아하는 대상의 실재 여부'다. 하지만 이는 생각보다 복잡한 문제다. 아이돌은 분명 실존하는 인간이지만 우리가 좋아하는 '아이돌로서의 그들'은 어떤 면에서 창작된 캐릭터에 가깝기도 하다. 반대로 2D 캐릭터는 창작된 존재지만 그들의 서사와 감정은 때로 실제 인간의 것보다 더 진실되게 느껴지기도 한다.

이런 복잡한 관계는 팬들이 대상을 대하는 방식에도 영향을 미친다. 아이돌 팬들은 대상이 '실제 인간'이라는 사실을 항상 의식할 수밖에 없다. 그들의 성공과 실패, 건강과 행복은 실질적인 문제다. 팬들이 때로 대상을 과보호하거나 반대로 지나치게 많은 것을 요구하게

> **쑨디**
> @deeplovehalf
>
> 팬싸 응모하는 이유를 머글한테 설명하는거 그냥 포기함
> 그냥 내가 미쳐서 응모했다고 하는게 빠름
> 오타쿠한테는 그냥 가챠나 레이드같은거라고 설명해주면 되
>
> 오후 1:04 · 2024년 4월 14일 · 4.3만 조회수

사실 이 논쟁은 큰 의미가 없다.
그냥 서로를 적당히 이해하고 넘어가면 좋을 텐데

되는 것도 이런 맥락에서 이해할 수 있다. 반면 2D 오타쿠들의 경우, 대상과의 관계가 좀 더 자유롭다. 캐릭터는 작품 속에서 이미 완성된 형태로 존재하기 때문에 팬들은 자신만의 방식으로 해석하고 즐길 수 있다. 이는 '책임감이 없다'는 뜻이 아니다. 오히려 작품의 본질을 해치지 않으려는 나름의 윤리의식이 강하게 작동하기도 한다.

이런 차이는 '망상'이라는 팬덤 문화의 특수한 영역에서 더욱 극명하게 드러난다. 아이돌 팬들의 망상은 항상 어떤 죄책감이나 조심스러움을 동반한다. 실존하는 인간에 대한 망상이기 때문이다. 반면 2D 캐릭터에 대한 망상은 좀 더 자유롭다. 이는 단순히 도덕적 제약의 차이가 아니라 대상을 대하는 근본적인 태도의 차이를 보여준다.

또 주목할 만한 차이는 '소유욕'의 형태다. 아이돌 팬들의 소유욕은 주로 '독점'의 형태로 나타난다. 다른 팬들과 경쟁하며 '더 진정한 팬'이 되고자 욕망한다. 반면 2D 오타쿠들의 소유욕은 좀 더 '해석의 독점'에 가깝다. 이들은 자신만의 방식으로 캐릭터나 작품을 이해하고 해석하는 것에 더 큰 의미를 둔다. (물론 최근에는 이 둘의 경계가 흐려지면서 특징이 뒤섞이는 모습을 보이기도 한다)

이런 차이는 '팬덤 활동'의 형태에도 영향을 미친다. 아이돌 팬들의 활동은 주로 '지지'와 '응원'의 형태를 띠며 음원 스트리밍, 음반 구매, 투표 참여 등 실질적인 지원이 중심이 된다. 아이돌의 성공이 곧 팬들의 성공으로 여겨지기 때문이다. 팬들은 자신들의 노력이 아이돌의 실제 삶에 영향을 미칠 수 있음을 알고 있다.

반면 2D 오타쿠들의 활동은 좀 더 '해석'과 '창작'에 초점이 맞춰져 있다. 팬아트, 팬픽션, 코스프레 등 원작을 재해석하고 확장하는 활동이 주를 이룬다. 물론 원작 구매를 통한 지원도 있지만 이는 '의무감'보다는 '소장 욕구'에서 비롯되는 경우가 많다.

여기서 재미있는 점은 두 문화가 서로에게 미치는 영향이다. 최근 아이돌 팬덤에서도 팬아트나 팬픽션 같은 창작 활동이 늘어나고 있고, 2D 팬들 사이에서도 조직적인 지원 활동이 이루어지고 있다. 하지만 근본적인 차이는 여전히 존재한다.

이러한 차이는 결국 '책임'과 '자유' 사이의 균형 문제로 귀결된다. 실존하는 인간을 좋아한다는 것은 필연적으로 어떤 책임↻을 동반한다. 반면 창작된 캐릭터를 좋아하는 것은 상대적으로 더 큰 자유를 제공한다. 이런 차이는 특히 좋아하는 대상이 '주류(Major)'가 되었을 때 극명하게 드러난다. '인기 상승'이라는 같은 현상을 마주하고도, 두 팬덤은 매우 다른 반응을 보인다.

메이저가 된다는 것은 결국 '나만의 것'이 '모두의 것'이 되는 과정이다. 이 과정을 어떻게 받아들이느냐는 결국 '팬심의 본질이 무엇이냐'라는 질문과 맞닿아 있다. 아이돌 팬들에게 이는 자신이 좋아하는 대상의 성공과 행복을 위한 필연적인

↻ 최근에는 실존하는 인간을 좋아할 때 동반되는 책임감을 과도하게 외면하는 사례도 종종 눈에 띈다. 사신들이 창소한 이미지를 너무 좋아한 나머지 원래의 대상에는 오히려 관심을 잃게 되는 것이다. 개인적으로는 지양해야 할 태도라고 생각한다.

과정이다. 반면 2D 오타쿠들은 자신이 좋아하는 작품이나 캐릭터가 메이저가 되는 것에 미묘한 거부감을 드러내는 경우가 많다. '홍대병'으로 치부할 수 없는, 더 복잡한 심리가 작용하는 것이다. '덕질' 그 자체에 집중하는 이들에게 대중화는 때로 순수한 팬심을 방해하는 요소로 작용하기 때문이다.

예를 들어, 마이너 작품이 갑자기 인기를 얻으면서 팬덤이 급격히 커지면 어떤 일이 일어날까. 물론 같은 취향을 공유하는 사람이 늘어난다는 건 기쁜 일이다. 하지만 동시에 자신과는 전혀 다른 해석이나 접근을 하는 사람들도 늘어난다. 때로는 작품의 본질을 왜곡하거나 자신이 소중히 여기는 요소를 무시하는 경우도 생긴다. 2D 오타쿠들이 "이 작품은 메이저 되기 전이 더 좋았다"라고 말하는 것은 이런 순수한 팬심이 위협받는 것에 대한 우려의 표현이다.

반면 아이돌 팬들의 경우, 대상이 메이저가 되는 것을 대체로 긍정적으로 받아들인다. 음원 차트 순위, 음악방송 1위, 각종 시상식 수상 등 눈에 보이는 성과를 중요하게 여기기 때문인데 이는 허영심이 아니라 실존하는 인간을 좋아하는 팬으로서 성공과 행복을 바라는 마음이 자연스럽게 표출되는 것이다.

내 새끼가 더 유명해지고 더 많이 벌고 더 행복하면 좋겠다는 마음은, 실존 인물을 좋아하는 팬이기에 가지는 감정이다. 이는 좋아하는 작품의 작가가 성공하기를 바라는 마음과는 분명 다른 차원의 감정이다. 작가의 성공을 바라는 마음이 '작품을 더 잘 만들어주길 바라는 마음'이라면, 아이돌의 성공을 바라는 마음은 '한 인간으로서의 행복'을 바라는 더 직접적이고 인격적인 감정이다. 물론 이런 구분이 절대적인 것은 아니다. 아이돌 팬 중에서도 과도한 상업화나 대중화를 우려하는 이가 있고, 2D 오타쿠 중에서도 작품의 성공을 적극적으로 응원하는 이가 있다. 하지만 전반적인 경향의 차이는 분명 존재한다.

이들의 차이는 '성과'를 바라보는 시각에서도 드러난다. 아이돌 팬덤에서 음원 순위나 음악방송 1위는 달성해야 할 목표이자 팬들의 노력을 증명하는 지표가 된다. 반면 2D 콘텐츠의 경우, 만화나 애니메이션의 판매 순위나 시청률은 상대적으로 덜 중요하게 여겨진다. 애니메이션 플랫폼의 순위를 올리기 위해 스트리밍을 하거나 만화책 순위를 위해 불필요하게 많은 양을 구매하는 일은 드물다.

이는 '증명'에 대한 욕구의 차이를 보여준다. 아이돌 팬덤에서 성과는 곧 '우리의 사랑을 증명하는 것'이 된다. 반면 2D 오타쿠들에게 그런 증명은 상대적으로 덜 중요하다. 자신과 작품 사이의 관계는 더 개인적인 것으로 여겨지기 때문이다. 어느 쪽이 옳다고 할 수는 없다. 단지 서로 다른 형태의 사랑이 만들어내는 자연스러운 차이일 뿐이다.

결국 우리는 '사랑'이라는 단어로 돌아오게 된다. 아이돌 팬과 2D 오타쿠. 두 집단 모두 자신들만의 방식으로 무언가를 사랑하고 있다. 그리고 그 사랑의 깊이는 결코 측정되거나 비교될 수 없다. 다만 사랑이 표현되고 실천되는 방식이 다를 뿐이다. 두 정체성을 모두 가진 사람으로서 나는 이 차이를 어떤 판단이나 평가 없이 바라보려 노력한다. 아이돌을 좋아할 때의 나와 2D 콘텐츠를 좋아할 때의 나는 분명 다르다. 하지만 그 어느 쪽도 진정성이 더 있거나 덜 있지 않다. 단지 사랑의 대상이 다르고 표현 방식이 달라질 뿐이다.

어쩌면 이런 차이야말로 팬덤 문화의 다양성과 풍부함을 만들어내는 요소일지 모른다. 우리는 각자의 방식

쑨디
@deeplovehalf

오타쿠와 빠순이를 동시에 한다는 것?
진심 별거 아니고 그냥 서태웅 버블 구독하고싶다 이러는거임

오후 4:57 · 2023년 1월 19일 · 5.7만 조회수

으로 무언가를 사랑하고 그 사랑을 표현하며 그 과정에서 고유한 의미를 찾아간다. 그것이 눈에 보이는 성과로 이어지든, 해석과 감상으로 남든 그 자체로 의미 있는 경험이 되는 것이다.

  나는 두 가지 사랑의 방식을 모두 경험할 수 있어 행복하다. 각각의 방식이 주는 특별한 기쁨과 의미가 있기 때문이다. 그리고 이런 경험은 내가 팬덤 문화를 더 풍부하게 이해하고 즐길 수 있게 해준다. 결국 중요한 것은 판단이나 우열을 가리는 것이 아니라 각자의 방식으로 표현되는 사랑의 다양성을 인정하고 존중하는 것이다. 하지만 오타쿠와 빠순이, 이 누 그룹이 서로를 이해하는 것에는 큰 기대가 없다. 그냥 한번 말하고 싶었을 뿐이다.

PART 2

너는 내 삶
모든 것 중에 최고

팬의 마음 설명서

오타쿠의 마음을 이해하는 일은 언제나 어렵다. 게임이든, 애니메이션이든, 영화든 팬들의 마음을 사로잡는다는 건 결코 쉽지 않다. 너무 뻔해서도 새로워서도 안 되고, 너무 억지스럽거나 현실적이어도 안 된다. 조금이라도 오바하거나 '억지' 부린다고 생각되는 순간 식어버리는 것이 오타쿠의 마음인 것이다. 그중에서도 가장 까다로운 것은 단연 아이돌이나 배우의 팬덤이다. 게임이나 애니메이션, 영화나 드라마는 적어도 '끝'이 있다. '스토리'라는 명확한 틀이 있고 그 안에서 팬들의 기대와 상상이 움직인다. 하지만 실제 사람을 좋아한다는 건 아예 다른 차원의 이야기다.

'사람'을 좋아한다는 것은 변수와의 끝없는 싸움이다. 오늘의 그가 내일은 전혀 다른 모습일 수 있다. 나 자신도 나를 잘 모르는데 그 사람도 마찬가지겠지. 우리가 알고 있는 그의 모습은 진짜일 수도, 아닐 수도 있다. 게다가 성장하고 변화하고 때로는 실수도 하는 게 사람이다. 완벽한 캐릭터나 결말이 정해진 스토리가 아닌 살아 숨 쉬는 인간을 좋아한다는 것은 그래서 더 복잡하다. 때로는 더 아픈 끝이 기다리고 있다.

 이런 복잡함은 소비 형태에서도 드러난다. 게임이나 애니메이션의 팬이라면 작품을 구매하고 즐기는 것으로 어느 정도 만족할 수 있다. 하지만 아이돌이나 배우의 팬은? 앨범을 사고 콘서트에 가고 굿즈를 모으는 것은 시작에 불과하다. 그들은 자신이 좋아하는 대상과 '관계'를 맺고 싶어 하고 그 욕망은 소비만으로는 충족되지 않는다.

 '실존 인물 덕질'이 가지는 특수성은 팬덤 문화를 더욱 복잡하게 만든다. 같은 대상을 좋아하는 팬들 사이에서도 '진짱한 팬'의 기준을 두고 갈등이 생긴다. 때로는 지나친 몰입으로 인해 현실과 팬심 사이에서 혼란을 겪기도 한다. 이는 '좋아한다'는 감정을 넘어선 심리적·사회적 현상이다.

어쨌든 덕질의 근간에는 사랑이 자리 잡고 있기 때문에 팬들은 돈뿐 아니라 '감정' 또한 투자하게 된다. 팬들은 대상과 일방적이지만 매우 깊은 유대감을 형성한다. 데뷔 초부터 지켜봐온 팬들은 마치 자신이 그들의 성장을 함께한 동반자라고 느끼기도 한다. 이런 감정은 때로 보호 본능이나 소유욕으로 표출되기도 한다. 덕질 대상을 부르는 '우리 애' '내 새끼'라는 표현이 이런 소유욕의 대표적인 예라고 할 수 있다.

팬덤 내부의 균열과 분쟁도 덕질의 변수가 된다. 같은 사람을 좋아하는 팬들 사이에서도 '진정한 팬'의 기준을 두고 갈등이 발생하는 것이 바로 팬덤. 누가 더 오

쑨디
@deeplovehalf

나는 실제로 아이돌과 사귀고있다는 마음으로 덕질을 함 티만 안낼 뿐이지 그냥 사귀고있다고 생각함

오전 10:09 · 2024년 2월 15일 · 11.1만 조회수

깊은 덕질은 사람을 이렇게 만들기도 한다

래 좋아했는지, 누가 더 많은 썰을 알고 있는지, 누가 더 많이 만났고 정서적으로 소통했는지 등을 두고 미묘한 위계가 형성되기도 한다. 소셜미디어의 발달로 이런 갈등은 더욱 가시화되고 있다.

이는 소비 형태에 영향을 미친다. 팬들의 소비는 일반적인 경제 논리로는 설명되지 않는다. 같은 앨범을 수백 장 구매하거나 이미 본 공연을 계속해서 다시 보는 것은 일반적인 소비 형태라고 하기 어렵다. 하지만 실제 팬덤에 소속된 사람들에겐 이런 비정상적인 소비 행위는 너무나 자연스러운 일이다.

여러 변수들로 인해, 대상을 좋아하는 마음은 더욱 복잡한 양상을 띠게 된다. 한 사람의 돌발 행동이 팬덤 전체의 분위기를 바꿔놓기도 하고 작은 해프닝이 엄청난 논란으로 확대되기도 한다. 그러다 보니 기업이나 매니지먼트사가 팬들의 마음을 완벽하게 이해하고 대응하기란 사실상 불가능에 가깝다.

"우리는 감정 없는 ATM이 아니다!"라는 팬들의 외침은 아이러니하게도 이들이 실세로는 활발한 소비 주체라는 사실을 보여준다. 방금까지는 본인들을 소비자로 생각하는 것에 거부감을 느낀 팬들이 어떤 때에는

쑨디
@deeplovehalf

전세계 어떤 브랜드에서든 K-pop에 쓴 만큼 돈쓰면 VIP취급 받는다는 말이 계속 생각남

오후 6:08 · 2024년 3월 27일 · 99.3만 조회수

"왜 우리를 호구로 생각하고 소비자로 받아들여주지 않는 거죠?"라며 분노하는 지점에서 팬이라는 존재의 이중적 위치가 정확히 드러난다. 그러니까 나는 호구이자 소비자인데 나를 호구이자 소비자로 생각하는 건 싫다는 것일 테다. 나도 알고 있는데 굳이 깨닫게 하지는 말라고.

팬들은 분명 소비자다. 그것도 완전 플래티넘 VVIP 사랑하는 고객님 수준의 소비자. 하지만 동시에 스스로 소비자라고 받아들이지 않는다. 이들의 소비는 철저히 감정을 기반으로 이루어지기 때문이다. 좋아하는 마음, 응원하고 싶은 마음, 함께 성장하고 싶은 마음이 그 원동력이 된다.

팬의 이중적 위치는 종종 충돌을 일으킨다. 기업은

팬들을 '충성도 높은 소비자'로 보고 마케팅 전략을 세운다. 하지만 팬들은 이 방식에 반발한다. 자신들의 진심 어린 애정이 단순 소비 행위로 치환되는 것에 분노하는 것이다. 하지만 동시에 소비자로서의 권리는 인정받기를 원한다. 굿즈의 품질 또는 '미감'이 떨어지거나 서비스가 부실하다고 느낄 때, 소비자로서 정당히 목소리를 내고 싶어 한다. 나도 당사자지만 참 아이러니하다. 어느 장단에 맞춰야 할지 감이 안 오기도 하고.

결국 이 모든 혼란의 중심에는 '진정성'이라는 키워드가 있다. 팬들은 자신들의 진정성을 인정받고 싶어 하는 동시에 기업이나 아티스트의 진정성도 끊임없이

쑨디
@deeplovehalf

케이팝 정말 좋아하지만 소비자와 공급자가 서로에게 바라는게 참 많은 산업이라는 생각을 함 그건 아마 소통의 부재 때문이 아닐까 표면적으로는 가장 많이 소통하는 척 하면서 정작 서로 아무것도 모를

오후 1:45 · 2023년 1월 19일 · 6.3만 조회수

예전에 이런 말도 했는데, 애초에 소통이 불가능한 일이었을지도 모르겠다

확인하고 싶어 한다. '이 진정성을 어떻게 증명하고 교환할 것인가'가 팬덤 문화의 가장 큰 과제일지 모른다.

짧은 식견과 경험을 바탕으로 생각해보면 아마 팬들이 진정으로 원하는 것은 '존중'일 것이다. 이는 소비자로서의 권리를 인정받고자 하는 마음이 아니다. 감정을 이해받고 애정을 인정받고 팬으로서의 정체성을 존중받고 싶어 하는 것이다. 어찌 보면 당연한 요구다. 애정을 기반으로 한 특이한 상품을 구매하는 소비자의 입장에서 자신의 감정이 단순 소비 심리로 치부되는 것만큼 불편한 일도 없을 것이다. 솔직히 지금까지 돌려 말하느라 이제야 밝히는 사실이지만 제정신이면 그 가격 주고는 절대 안 살 물건들을 판매하면서 이 정도의 카오스는 좀 이해해야 한다. (예를 들면 어디 달고 다니지도 못할 아크릴 키링을 2만 원에 판다든지 하는 소비자 기만행위 말이다)

팬들은 아티스트와 함께 성장하고 문화를 만들어가는 공동 창작자이기도 하다. 이런 맥락에서 기업과 팬덤 사이의 건강한 관계 설정은 매우 중요하다. 기업은 팬들의 소비력만을 보고 이들을 '감정 없는 ATM'으로 대해서도 안 되지만, 반대로 팬들의 과도한 감정적 요구에 끌려다녀서도 안 된다. 양측 모두 서로의 존재 가치를 인정하고 적절한 거리를 유지하면서도 진정성 있는 소통을 해나가는 것이 중요하다.

우리는 팬덤 문화에 대한 새로운 이해가 필요한 시점에 있는지 모른다. 팬들은 '사랑'을 기반으로 문화를 만들고 가치를 창출하고, 때로는 산업 전체의 판도를 바꾸는 강력한 힘을 생산하기도 한다. 이제는 팬덤의 특수성을 인정하고 이들과 함께 새로운 가치를 만들어가는 방향을 고민해야 할 때다. 다만 그 존중이 일방적인 요구나 맹목적인 수용이 되어서는 안 될 것이다. 서로를 이해하고 인정하는 가운데 건강한 팬덤 문화가 만들어질 수 있지 않을까.

아님 말고.

팬덤이라는 사회

팬덤을 '팬들의 집합'으로 생각할 수도 있지만 사실 팬덤은 하나의 유기체와 같다. 마치 생물이 살아가면서 특정 환경에 적응하듯 각각의 팬덤도 자신들만의 특성과 문화를 만들어간다. 좋아하는 대상의 모습이 각기 다르다 보니 팬덤마다 형태가 다르고 풍기는 분위기도 다를 수밖에 없다. 어떤 팬덤은 매우 적극적이고 조직적이며 어떤 팬덤은 상대적으로 자유롭고 느슨하다. 이런 분위기 차이는 우연이 아니라 그들이 좋아하는 대상의 특성, 활동 방식과 밀접한 관련이 있다.

내가 요즘 흥미롭게 생각하는 것은 최근 팬덤 문화의 변화다. 과거에는 팬덤 간의 경쟁이 갈등의 주요인이었

> 쑨디
> @deeplovehalf
>
> 오타쿠는 찌질하다
> 왜냐면 사랑해서…
> 원래 인간은 사랑하면 찐따가 된다
> 그래서 비평같은거 못한다
>
> 오전 11:04 · 2024년 5월 15일 · 5.9만 조회수

하지만 팬들의 찌질하고 이해 안 가는 모든 행동은 사랑에서 시작한다

다면 최근에는 팬덤 내부의 의견 충돌이 더 큰 문제로 대두되고 있다. '진정한 팬이라면 이 정도는 해야 한다'는 식의 과도한 요구나 '이런 행동은 팬이라면 해선 안 된다'는 식의 배타적인 태도가 팬덤을 내부적으로 분열시키고 있다.

이런 상황에서 등장한 게 "○을 좋아하지만 팬덤은 아닙니다"라는 '탈팬덤' 선언이다. 이전에는 이런 태도가 '빠순이가 아닌 척, 쿨한 척'이라며 비웃음을 샀다면 이제는 하나의 자연스러운 선택지가 되었다. 누군가를 좋아하는데 굳이 팬덤이라는 틀 안에 들어가야 할 필요가 있느냐는 것이다.

실제로 많은 사람이 팬덤에 소속되지 않은 채로 덕질을 하고 있다. 소셜미디어에서 소식을 접하고 콘텐츠를 소비하고 때로는 굿즈도 구매하지만, 팬덤의 집단 행동이나 암묵적인 규칙에는 참여하지 않는 방식으로 덕질을 하는 것이다. 이런 형태의 덕질이 늘어나는 건, 어쩌면 현대인의 개인주의를 반영하는 것일 수도 있다.

특히 '팬 산업'이 확장되면서 굳이 팬덤에 속하지 않아도 좋아하는 대상의 소식을 쉽게 접할 수 있게 된 것도 이런 변화의 한 가지 원인이다. 예전처럼 팬클럽, 카페에 가입해야만 정보를 얻을 수 있던 시대는 지났다. 이제는 개인이 원하는 방식대로, 원하는 만큼만 덕질을 할 수 있는 환경이 만들어졌다. 그렇다고 팬덤이라는 형태가 완전히 사라질 거라고 보긴 어렵다. 여전히 많은 사람이 같은 대상을 좋아하는 이들과 교류하고 싶어 하고, 함께 모여 응원하고 싶어 하니까. 다만 그 형태가 좀 더 유연하고 다양해질 가능성이 높다.

예를 들어 이제는 하나의 팬덤에만 속하는 게 아니라 여러 팬덤을 넘나들며 활동하는 경우도 많다. ('멀티팬덤'이라는 개념도 있다) 또는 특정 활동에만 선택적으로 참여하기도 한다. 공식 팬클럽 가입을 하고 위버스

DM, 버블은 정기 구매하지만 절대 콘서트나 팬 이벤트는 참여하지 않는다든지 아니면 그 반대로 얼굴을 볼 수 있는 스케줄은 모두 참석하지만 정작 아이돌과 가장 편하게 소통할 수 있는 라이브 방송은 보지 않는 경우도 있다.

아니면 정말 노래를 듣거나 직캠 정도만 챙겨 보는 일명 '라이트(light) 팬'도 당당하게 자신이 과몰입 덕질을 하지 않는 것을 밝히곤 한다. (원래는 이러한 자신의 성향을 당당하게 밝히는 것이 불가능했다. 이런 팬들을 '간잽러'라고 부르며 배척하기도 했으니까)

팬덤에 소속된다는 건 이제 선택 사항이 되었다. 예전처럼 '팬이라면 당연히 팬덤 활동을 해야 한다'는 암묵적인 의무는 사라졌다. 대신 각자가 원하는 방식으로 덕질을 하고, 그만큼의 책임만 지면 되는 시대가 된 것이다. 어쩌면 긍정적 변화가 아닐까 싶다. 다양한 방식의 팬 활동을 인정하고 받아들이는 것. 그게 현대의 팬덤이 나아가야 할 방향일지도 모른다. (예전부터 덕질해 온 사람들은 어색해할지도 모르겠다. 하루에 절반 이상을 인터넷에 절여져 살아가는 나도 "라떼는 말이야"를 시전하고 싶었던 적이 한두 번이 아니다)

중요한 건 '좋아한다'는 마음 자체다. 그 마음을 표현하는 방식이 팬덤 활동이든, 혼자만의 덕질이든, 느슨한 소속이든 크게 중요하지 않다. 어차피 덕질이란 게 자신과 좋아하는 대상 사이의 관계인데 거기에 굳이 정해진 형식이나 규칙이 필요할까. 자기 인생 마음대로 살듯 덕질도 알아서 하는 거다.

팬덤에 속해본 적 없는 사람들은 잘 모르겠지만 요즘 팬 문화(특히 케이팝)는 꽤 문제가 많다. 여기에 하나하나 열거해서 설명하기 귀찮고 무서울 정도로 팬덤의 변화와 분열로 인해 상처받은 사람들이 많다. "너는 진정한 팬이 아니다"라는 말에 상처받고 팬덤 내 갈등에 지쳐 떠난 이들도 굉장히 많다. 이는 개개인의 잘못이 아니다. 그저 시대가 변하고 문화가 변하고 그에 따라 팬덤의 형태도 자연스럽게 변화한 것뿐이다.

새로운 형태의 팬덤 문화가 자리 잡기 전, 과도기를 지나고 있는지도 모른다. 그러니 너무 자책하지 말자. 팬덤에 완벽하게 적응하지 못했다고 남들처럼 열심히 활동하지 못하고 결국 떠나게 됐다고 당신이 잘못한 게 아니다. 그저 각자에게 맞는 방식을 찾아가는 중일 뿐.

앞으로도 팬덤은 변할 것이다. 새로운 플랫폼이 등장

쑨디
@deeplovehalf

이제 팬덤에 소속되는 게 귀찮고 거추장스럽게 느껴진다
이런 기분은 언제까지 계속될까나

오전 1:34 · 2024년 7월 11일 · 3.8만 조회수

이런 기분은 지금도 계속되고 있다

하고 소통 방식이 바뀌고 문화가 변하면서 팬덤의 형태도 자연스럽게 달라질 테니까. 우리는 각자에게 맞는 방식으로 좋아하는 법을 찾아가게 될 것이다. 결국 중요한 건 '진심' 그 자체에 있는 거니까.

케이팝 세대론 이라는 함정

케이팝 세대론은 이제 한계점에 다다른 것 같다. '5세대 아이돌의 등장'이라는 말이 나올 때마다 많은 이들이 피로감을 호소한다. 아직 대중적으로 4세대 아이돌이 많이 알려지지도 않았고 뭔가 새로운 변화도 없는 이 시점에 또다시 세대 구분이라니. 지겹다는 말이 절로 나온다. 이런 피로감의 근원에는 여러 요인이 있다.

첫째, 세대 구분의 주기가 점점 짧아지고 있다. 1세대(H.O.T., 젝스키스, S.E.S. 등)에서 2세대(동방신기, 빅뱅, 소녀시대 등)로 넘어가는 데 약 10년이 걸렸다면, 3세대(엑소, 방탄소년단, 트와이스 등)에서 4세대(에스파, 뉴진스 등)로의 전환은 불과 5~6년 만에 이루어졌다. 그리고 4세대가 완전히 자리 잡기도 전에 5세대 논의가 시작된 것이다. 마치 스마트폰 신제품 출시 주기처럼 케이팝 세대 교체 간격이 점점 짧아지는 현상은 팬들에게 피로감을 안겨주고 있다. 특히 나에게.

둘째, 세대 구분의 기준이 점점 모호해지고 있다. 이전 세대들은 비교적 명확한 음악적·문화적 차이를 가지고 있었다. 1세대에 댄스음악 기반 아이돌이 탄생했다면, 2세대에는 칼군무와 대중성이라는 정체성, 3세대에는 세계관과 콘셉트 중심 마케팅의 특성을 지니는 식으로 세대별로 비교적 명확히 구분이 되었다. 하지만 4세대와 5세대의 경우, 뚜렷한 차이점을 찾기가 어렵다. 아이돌 산업이 다양화되고 세분화되면서 단일한 특징으로 묶기 어려워졌다는 의미이기도 하다.

셋째, 세대 구분이 점점 더 마케팅 전략의 일환으로 활용되고 있다. '새로운 세대의 시작'이라는 타이틀은 그 자체로 강력한 마케팅 포인트이기 때문이다. 이런 상업적 계산이 느껴질 때, 팬들은 자연스럽게 반감과 피로감을 느끼게 된다. 마치 억지로 새 제품을 구매하도록 유도하는 마케팅을 보듯 불편해 한다.

하지만 지겹다고 말하면서도 우리는 계속해서 세대

구분에 대해 이야기한다. 세대 구분은 단순 시간의 흐름이 아닌 케이팝이라는 문화 현상의 본질적 변화를 포착하는 도구이기 때문이다. 특히 케이팝이 글로벌 '효자 산업'으로 자리 잡으면서 이 구분은 더욱 복잡한 양상을 띠게 되었다. 현재 '케이팝 세대론'은 케이팝이라는 문화를 이해하는 중요한 틀로 작동하고 있다. 인류학자가 문화의 발전 단계를 연구하듯 우리는 케이팝 세대론을 통해 글로벌 대중문화의 진화 과정을 관찰하며 그 과정에서 문화와 산업, 기술 변화의 복합적 양상을 목격하게 된다.

재밌게도 케이팝 세대론이 한국 내부를 향한 시각에서 점차 글로벌한 관점으로 확장되고 있다. 초기에는 한국 대중음악 산업 내의 변화를 중심으로 세대를 구분했다면 이제는 글로벌 시장에서의 위치와 영향력, 해외 팬덤과의 관계성 등이 중요한 기준으로 등장하고 있다. 케이팝이 더 이상 한국만의 문화 현상이 아닌 글로벌 문화로 자리 잡았음을 보여주는 증거이기도 하다.

한편 음악 스타일의 변화나 팬덤 문화의 진화를 넘어 산업적 '성공 공식'을 찾으려는 시도가 세대 구분에 개입하기 시작했다. "이번 세대의 특징은 무엇인가?" "다음 세대는 어떤 방향으로 갈 것인가?"라는 질문은 이제 산업적 관점에서도 중요한 의미를 가진다.

쑨디
@deeplovehalf

케이팝의 존재 의의는 역시 빌보드…글로벌…대중의평가… 이딴거에 있는게 아니었음… 지친 어떤 여자가 퇴근길에 다시 삶의 용기를 얻었으니 이걸로 된겁니다…

오후 7:45 · 2023년 8월 1일 · 159.6만 조회수

나는 이런 낭만적인 생각을 여전히 버릴 수가 없다

케이팝 세대론이 비즈니스 전략의 중요한 요소로 자리 잡아가면서 엔터테인먼트 기업들은 '다음 세대의 성공 공식'을 찾기 위해 막대한 자원을 투자하고 연구하며 실험한다. SM엔터테인먼트의 'SM 3.0 전략', 하이브의 '멀티 레이블 시스템', JYP의 '글로벌 오디션 프로젝트' 등은 모두 이런 노력의 일환이다.

이런 산업적 접근이 항상 긍정적인 결과민을 가져오는 것은 아니다. 성공 공식에 대한 지나친 집착은 종종 창의성의 제한으로 이어질 수 있다. 이전 세대의 성공

요소를 기계적으로 모방하거나 안전한 공식만을 반복하는 경향이 나타나기도 한다.

또한 산업적 관점이 지나치게 강조되면 케이팝의 문화적 가치와 예술적 의미가 간과될 수 있다. 아이돌 그룹은 단순 '상품'이 아니라 진정성 있는 예술적 표현과 팬들과의 정서적 연결을 추구하는 문화적 존재이기도 하다. 이런 측면이 무시된 채 오직 수익성과 마케팅 전략만이 강조된다면 케이팝의 본질적 매력은 점차 희석될 수 있다.

세대 구분은 점점 더 복잡해지고 있다. 어떤 이는 데뷔 연도를, 어떤 이는 음악 스타일을, 또 어떤 이는 팬덤의 특성을 기준으로 삼는다. 심지어 같은 기준을 적용하더라도 보는 이에 따라 전혀 다른 해석이 나오기도 한다. 이런 혼란은 케이팝이 얼마나 다차원적으로 진화하고 있는지를 보여준다. 케이팝 세대를 어떻게 나눌지는 재미있으면서도 골치 아픈 문제다. 다양한 기준이 존재하는데 하나씩 살펴보자. (그냥 재미로 하는 거다. 과몰입하면 지는 거)

가장 흔히 사용되는 것은 **연도별 구분**이다. 하지만 이 기준은 가장 많은 맹점을 가지고 있다. 2012년에 데

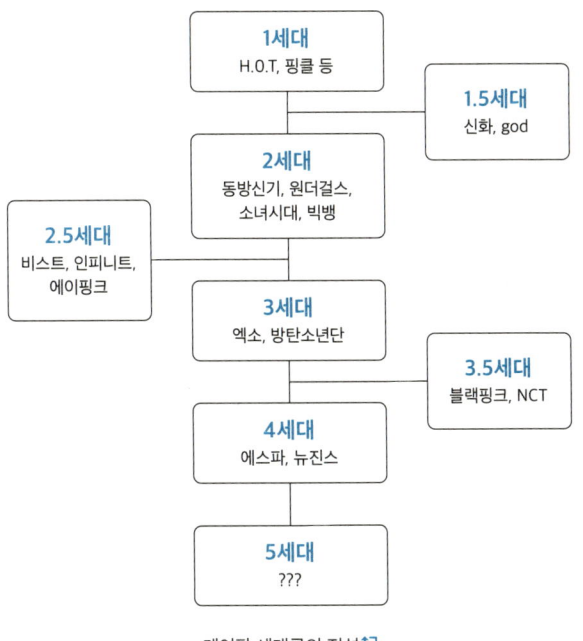

케이팝 세대론의 정설 ↱

뷔한 VIXX와 2016년에 데뷔한 블랙핑크가 같은 세대로 분류된다는 점을 생각해 보자. 이 4년이라는 시간 동안 케이팝은 엄청난 변화를 겪었다. 소셜미디어의 영향력이 폭발적으로 증가했고 글로벌 시장을 겨냥한 전략이 본격화되었으며 팬덤 문

↱ 물론 이것도 반박하는 사람이 아주 많다. 사실 나도 반박하고 싶은 게 한두 개가 아니다. 그 이유는 이어서 계속 설명하겠다.

화도 크게 달라졌다. 이런 변화를 연도 구분으로는 설명할 수 없다.

더구나 연도별 구분은 각 세대의 경계가 점점 더 모호해지는 현상을 제대로 설명하지 못한다. 일반적으로 1세대는 1990년대 중반~2000년대 초반, 2세대는 2000년대 중반~2010년대 초반, 3세대는 2010년대 중반~2010년대 후반, 4세대는 2018년 이후로 구분한다. 하지만 이런 구분은 너무 많은 예외를 만들어낸다.

예를 들어, 샤이니(2008년)는 일반적으로 2세대로 분류되지만 이들의 음악 스타일과 활동 방식은 시간이 지나면서 계속 진화했고 3~4세대 아이돌과도 많은 공통점을 가지게 되었다. 반대로 4세대 초기에 데뷔한 있지(2019년)는 여전히 3세대의 특성을 많이 가지고 있다는 평가를 받기도 한다. 이런 '경계에 있는' 그룹들은 연도별 구분의 한계를 드러낸다.

게다가 같은 시기에 데뷔했더라도 완전히 다른 스타일과 방향성을 가진 그룹들도 존재한다. 이런 다양성은 단순한 연도 기준으로는 포착하기 어려운 케이팝의 복잡한 생태계를 보여준다.

팬덤을 기준으로 세대를 구분하는 시도도 있다. 2세

대 때는 '카트엘'이라고 해서 카시오페아(동방신기 팬덤), 트리플에스(SS501 팬덤), 엘프(슈퍼주니어 팬덤), V.I.P(빅뱅 팬덤), 샤이니월드(샤이니 팬덤)를 한데 묶어 부르곤 했다. 4세대에 나타난 '즈즈즈'는 더보이즈, 스트레이키즈, 에이티즈의 팬덤을 통칭한다. 이런 구분이 와닿는 이유는 실제 팬들의 경험을 반영하기 때문이다. 또한 팬카페에서 시작해 트위터로, 다시 위버스와 같은 전용 플랫폼으로 이동하는 과정은 아이돌-팬 관계성의 변화를 보여준다.

팬덤 중심의 접근법은 케이팝을 소비하고 경험하는 방식의 변화를 잘 포착한다. 2세대 팬덤이 주로 팬카페와 개인 홈을 통해 결속력을 다졌다면 3세대 팬덤은 트위터와 인스타그램 같은 글로벌 소셜미디어를 중심으로 활동했다. 4세대에 이르러서는 유튜브, 틱톡 같은 영상 플랫폼과 위버스, 버블 같은 전용 소통 채널이 팬덤 활동의 중심이 되고 있다.

2세대 때는 '스타와 팬'이라는 비교적 수직적인 관계가 주를 이루었다면, 3세대에서는 '아티스트와 지지자'의 관계로, 4세대에서는 '크리에이터와 공동 참여자'의 관계로 진화하고 있다. 팬들은 적극적으로 2차 창작물을 만들고 챌린지에 참여하며 때로는 마케팅과 프로모션의 중요한 일부가 되기도 한다.

또한 팬덤 문화도 세대별로 다른 양상을 보인다. 1, 2세대에 비해 3세대에서는 팬덤 내부의 문화적 코드가 더욱 다양해졌으며 동시에 '덕질의 체계화'가 이루어졌다. 4세대에 이르러서는 팬덤의 글로벌화와 다양화가 가속화되면서 지역별, 언어별로 다양한 팬덤 하위 문화가 형성되고 있다.

이런 팬덤 중심의 접근은 케이팝을 단순한 음악 장르가 아닌 하나의 문화적 현상으로 이해하는 데 유용한 틀을 제공한다. 팬덤의 변화는 종종 산업의 변화보다 앞서 나타나며 이후 산업의 방향성을 결정짓는 중요한 지표가 되기도 한다.

글로벌화의 단계로 보는 시각도 흥미롭다. 1, 2세대가 아시아권에서 '한류 열풍'을 일으켰다면, 3세대는 본격적으로 글로벌 시장에 진출했으며, 4세대는 처음부터 글로벌 시장을 겨냥하기 시작했다. 이제 5세대에 이르러서는 'K'의 의미 자체가 흐려지고 있다는 평가까지 나온다.

케이팝의 글로벌화 과정은 단계적으로 진행되어 왔

다. 1세대는 주로 국내 시장을 중심으로 활동했지만 일본, 중국, 대만 등 일부 아시아 국가에서 인기를 얻었다. 2세대에 이르러 동방신기, 빅뱅, 소녀시대 등은 더욱 체계적인 아시아 시장 진출 전략을 보여줬고 일본 오리콘 차트 1위, 아시아 투어 등 눈에 띄는 성과를 거두었다.

3세대는 아시아를 넘어 글로벌 시장으로 본격적으로 확장되었다. 방탄소년단의 빌보드 차트 진입과 미국 주요 시상식 수상, 블랙핑크의 코첼라 공연과 글로벌 브랜드 앰배서더 활동 등은 케이팝이 글로벌 현상으로 자리 잡았음을 보여주는 중요한 지표다. 이 시기의 특징은 '한국에서 만들어진 글로벌 콘텐츠'로서의 정체성이 뚜렷했다는 점에 있다.

4세대는 처음부터 글로벌 시장을 염두에 둔 전략이 두드러진다. 이제 케이팝 아이돌에게 글로벌 시장은 꿈의 무대가 아니라 당연히 거쳐야 할 단계가 되었다. (요즘은 소위 1군 아이돌이 아니라도 월드투어 정도는 가뿐하게 진행한다) 4세대 대표 아이돌로 불리는 '에스파, 뉴진스' 모두 글로벌 트렌드와 MZ 세대의 취향을 정확히 겨냥한 전략을 가지고 있다. 이들은 더 이상 '한국에서 온' 이국적 콘텐츠가 아니라 처음부터 글로벌 청중을 위해 디자인된 콘텐츠로 자리매김했다.

5세대로 분류되기 시작한 그룹들에서는 더욱 흥미로운 현상이 관찰된다. 이들은 'K'의 정체성을 유지하면서도 이를 핵심 요소가 아닌 하나의 영감과 배경으로 재해석하는 경향을 보인다. '한국적인 것'이 특별한 매력 포인트가 아니라 글로벌 문화 요소들과 자연스럽게 융합되는 하나의 요소로 자리 잡은 것이다.

글로벌화 단계에 따른 세대 구분은 케이팝의 문화적 위치와 의미의 변화를 잘 포착한다. 케이팝은 한국의 수출 콘텐츠에서 시작해 이제는 글로벌 대중문화의 주류로, 나아가 다양한 지역과 문화에서 재해석되고 재창조되는 유동적인 문화 형식으로 진화하고 있다.

특히 주목할 만한 것은 사건에 따른 세대 구분이다. 케이팝의 역사는 특정 전환점을 중심으로 재구성될 수 있다. 예를 들어 〈프로듀스 101〉 시리즈를 통해 이전까지 수동적 소비자에 가까웠던 팬들이 '국민 프로듀서'라는 이름으로 제작 과정에 직접 참여하게 되었다. 또한 팬덤의 역할과 영향력에 대한 인식을 바꿔놓았고 기획사의 역할, 아이돌 선발과 육성 방식에 대한 인식에도 영향을 미쳤다.

사건에 따른 구분은 케이팝을 둘러싼 맥락과 환경의 변화를 고려한다는 점에서 의미가 있다. 케이팝은 진공 상태에서 존재하는 것이 아니라 기술과 사회, 문화와 경제와 긴밀히 연결되어 진화해왔다. 예를 들어, 스마트

쑨디
@deeplovehalf

마마를 왜 일본에서 하는데 내가 왜 일본에 가야하는데 내가 왜 그래야 하는데 엠넷 한국건데 케이팝 한국건데 내가 왜 그래야 하는데 내가 왜 또 하네다를 가야하는건데 왜 내가 마마를 왜 일본에서 하는데 내가 왜 일본에 가야하는데 내가 왜 그래야 하는데 엠넷 한국건데 케이팝 한국건데

오후 9:19 · 2024년 10월 22일 · 7.1만 조회수

쑨디
@deeplovehalf

보통 시상식이든 뭐든 권위가 높아져서 글로벌 인기를 얻으면 여기서도 하고 저기서도 하고 그러겠죠 코첼라 인 서울을 하더라도 코첼라는 미국에서도 당연히 열리겠죠 근데 미친 케이팝은 인기 좀 생기면 국내팬 바로 버리는거 이거 어떻게하지 진짜 오늘 다 죽자 이거야

오전 10:17 · 2024년 11월 22일 · 40.3만 조회수

그래도 이건 진짜 못 참아주겠다

폰과 소셜미디어의 보급은 케이팝의 글로벌 확산에 결정적인 역할을 했으며 동영상 플랫폼의 진화는 케이팝 콘텐츠의 형식과 전략에 지대한 영향을 미쳤다.

사건에 따른 구분은 '세대 내 변화'를 이해하는 데도 유용하다. 같은 3세대 내에서도 〈프로듀스 101〉 이전과 이후의 아이돌 그룹은 상당한 차이를 보이며 4세대 내에서도 코로나 팬데믹 이전과 이후의 그룹들은 활동 방식과 전략에서 뚜렷한 차이를 보인다.

물론 단일한 기준만으로는 케이팝의 변화를 온전히 설명할 수 없다. 음악 스타일, 퍼포먼스, 팬덤 문화, 소통 방식, 산업적 전략 등이 복합적으로 얽혀 있기 때문이다. 오히려 이런 다양한 기준들이 존재한다는 것 자체가 케이팝의 복잡성과 역동성을 보여주는 게 아닐까. 케이팝은 이제 단일한 형태나 방향성으로 정의하기 어려울 만큼 다양해졌다. 과거에는 비교적 동질적이었던 케이팝 시장이 이제는 다양한 하위 장르와 스타일, 전략으로 분리되고 있다.

케이팝 시장의 이러한 분리는 여러 이유 때문에 발생했다. 몇 가지 이유를 정리하자면 첫째, 케이팝 시장 자체가 커지면서 다양한 시도와 실험이 가능해졌다. 시장이 작을 때는 검증된 공식을 따르는 것이 생존의 필수 조건이었지만 시장이 커지면서 틈새시장을 겨냥한 독특한 콘셉트와 스타일도 생존과 성공의 가능성을 얻게 되었다.

둘째, 글로벌 시장의 다양한 취향과 문화적 배경을 반영하기 위한 노력이 이루어지고 있다. 예전에는 주로 한국과 동아시아 시장을 염두에 두고 콘텐츠가 기획되었지만 이제는 북미, 유럽, 남미, 중동, 동남아시아 등 다양한 지역의 시장과 문화적 특성을 고려한 전략이 펼쳐지고 있다. 이것은 필연적으로 케이팝의 다양화를 불러올 수밖에 없다. (물론 이런 문화적 특성을 고려하는 과정에서 세심함이 떨어져 문제가 생기는 경우도 많다. 해당 문화권에서는 하면 안 되는 말을 하거나 조심해야 할 표현을 사용하는 등. 아직도 케이팝은 갈 길이 멀다)

셋째, 소셜미디어와 플랫폼의 발달로 인해 다양한 실험과 도전이 가능해졌다. 예전에는 TV와 라디오와 같은 전통적 미디어가 주요 홍보 채널이었기 때문에 이 매체들의 취향과 기준에 맞는 콘텐츠가 주를 이루었다. 하지만 이제는 유튜브, 틱톡, 인스타그램 등 다양한 디지털 플랫폼을 통해 각기 다른 특성의 콘텐츠를 타깃

청중에게 직접 전달할 수 있게 되었다.

이런 환경 속에서 케이팝 4세대와 5세대의 경계가 모호하게 느껴지는 것은 어쩌면 당연한 현상일 수 있다. 더 이상 '세대'라는 단일한 흐름으로 케이팝을 정의하기보다는 다양한 흐름과 경향이 공존하는 '복합적 생태계'로 바라볼 필요가 있다.

특히 최근의 케이팝 씬에서는 다양한 '반향적 경향'이 관찰된다. 어떤 그룹은 강렬한 퍼포먼스와 화려한 비주얼을 강조하는 전형적인 4세대 공식을 따르고 있지만, 어떤 그룹은 오히려 2세대의 친근함과 자연스러움을 현대적으로 재해석하는 접근을 택했다. 다양한 경향이 공존하고 서로 영향을 주고받으면서 케이팝은 더욱 풍성하고 다채로운 문화로 발전하고 있다.

케이팝이 글로벌 시장의 '효자 산업'으로 거듭난 이래, '성공 공식'을 찾으려는 시도가 많아졌지만 흥미롭게도 지금은 오히려 이런 공식에서 벗어나는 것이 새로운 공식이 되어가는 듯하다. '탈공식화' 현상은 케이팝 시장이 어느 정도 마무리 단계에 접어들었음을 보여주는 듯하다. 초기 성장 단계에서는 검증된 공식을 따르는 것이 안전한 전략이었지만 시장이 포화 상태에 가까워지면서 차별화와 혁신이 더 중요한 경쟁력으로 부상한 것이다. 이는 마치 스마트폰 시장이 할 만큼 한 뒤에 폴더블폰과 같은 혁신적 제품을 등장시킨 것과 유사한 산업적 흐름이라고 볼 수 있다.

이러한 특징은 4세대 이후의 아이돌에게서 쉽게 찾아볼 수 있는데 보통 케이팝 그룹은 데뷔 전 티저 기간을 통해 멤버들을 소개하고 기대감을 조성한 후, 화려한 데뷔 무대를 선보이는 방식을 취해왔다. 그러나 최근의 아이돌들은 별다른 예고 없이 뮤직비디오부터 깜짝 공개하거나 'pre-'데뷔의 형태로 정식 데뷔 전에 먼저 오프라인 활동을 시작하기도 한다.

이처럼 최근 성공적인 케이팝 그룹들은 기존의 공식을 그대로 따르기보다는, 자신만의 독특한 색깔과 접근법을 찾아가는 경향을 보인다. 또한 팬들 역시 단순히 화려한 퍼포먼스나 완벽한 비주얼을 넘어 진정성과 독창성, 음악적 완성도를 중요하게 평가하기 시작했다는 신호이기도 하다. 이런 변화는 케이팝 시장이 양적 성장을 넘어 질적 성숙 단계로 진입하고 있음을 시사한다. 더 이상 '한국적 아이돌 시스템'이라는 단일한 정체성에 의존하지 않고 다양한 음악적·문화적 실험을 통해 새로운 가능성을 모색하는 단계에 접어든 것이다. 이는 케이팝이 더욱 지속 가능하고 영향력 있는 글로벌 문화 현상으로 자리 잡는 데 필요한 진화 과정이라고 할 수 있다.

이런 변화 속에서 가장 주목할 만한 현상은 '현지화 아이돌'의 등장이다. 이들은 단순히 해외 시장을 겨냥한 케이팝 그룹이 아니라 현지에서 직접 발굴하고 육성한 멤버들로 구성된다. 특히 하이브에서 선보인 '앤팀'과 '캣츠아이'는 케이팝의 새로운 가능성을 보여주고 있다. 현지화 아이돌 전략은 케이팝의 글로벌화가 새로운 단계로 진입했음을 보여준다. 초기의 글로벌화가 '한국에서 만들어진 콘텐츠의 해외 수출'에 가까웠다면, 현지화 전략은 '케이팝의 시스템과 노하우를 활용한 현지 맞춤형 콘텐츠 생산'으로 진화한 것이다. 이는 마치 삼성이나 현대와 같은 한국 기업이 글로벌 시장에 진출하면서 한국 제품을 수출하는 것을 넘어 현지 생산 공장을 세우고 현지 시장에 맞는 제품을 개발하는 전략과 유사하다.

나는 케이팝 종주국의 인간으로서 처음에 케이팝의 현지화라는 것 자체에 대해 반신반의했다. 캣츠아이의 경우만 해도 '오디션을 통해 케이팝을 좋아하는 외국인들을 모아 만든 실험적인 그룹 정도겠지' 생각했다. 하지만 이런 선입견은 그들의 무대를 본 순간 완전히 깨졌다. 노래는 물론이고 퍼포먼스, 애티튜드 심지어 멤버들 사이 관계성까지… 내가 케이팝에서 가장 매력적이라고 생각했던 요소들을 완벽하게 보여주고 있었다.

이런 현지화 아이돌 그룹의 성공은 '케이팝'이라는 문화 형식이 얼마나 유연하고 적응력이 있는지를 보여준다. 케이팝은 더 이상 '한국적 요소'에 의존하는 것이 아니라, 하나의 글로벌 팝 문화 형식으로서 다양한 지역과 문화의 맥락 속에서 재해석되고 있는 것이다.

더 흥미로운 것은 이런 현지화 아이돌의 영향력이 다시 국내 시장으로 역수입되고 있다는 점이다. 그동안 케이팝의 글로벌화는 주로 '한국에서 해외로' 향하는 일방통행이었다. 하지만 이제는 현지화된 케이팝이 다시 한국 시장에 신선한 자극을 주고 있다. 캣츠아이나 앤팀 같은 그룹의 성공은 케이팝이 더 이상 '수출 상품'이 아닌 진정한 의미의 글로벌 문화로 진화하고 있음을 보여준다. 이들이 보여주는 새로운 해석과 도전은 오히려 국내 케이팝 시장에 신선한 활력을 불어넣고 있다.

이런 역수입 현상은 케이팝 정체성에 대한 흥미로운 질문을 제시한다. 한국인이 아닌 멤버들로 구성된 그룹이 케이팝 스타일의 음악과 퍼포먼스를 선보일 때, 이를 여전히 '케이팝'이라고 부를 수 있을까? 이런 현상은 문화 상품의 주체와 문화적 정체성 사이 복잡한 관계를 드러낸다.

전통적으로 케이팝의 정체성은 '한국에서 제작되고 한국어 가사가 포함되며 한국인 멤버가 중심이 된 아

쑨디
@deeplovehalf

요즘 '현지화 아이돌'에 대한 생각을 멈출수가 없는데 내가 고민되는 지점은 바로 이거임

현지화 아이돌=케이팝의 제작 시스템을 다른 국가에 적용시켜본다

쉽게 설명하면 이건데 제작은 여러 시행착오를 거쳐 이제 좋은 결과물을 만들어내는 단계에 온거같은데 '팬덤'에 대한 고민을 안한느낌 일단 누구라도 좋아하겠지 라는 제작자들의 마음이 느껴져서 복잡한 감정이 듬

오후 9:25·2024년 9월 30일·3.1만 조회수

동시에 이런 생각이 들기도

아이돌 음악'이라는 정의에 기반했다. 그러나 현지화 아이돌의 등장은 이런 정의의 경계를 흐릿하게 만들고 있다. 일본을 거점으로 활동하는 '앤팀'은 다수의 일본인 멤버로 구성되어 있으며 주로 일본어 가사로 노래하지만 음악과 퍼포먼스 스타일, 트레이닝 시스템은 명백히 케이팝의 영향을 받았다. 이는 마치 '아메리칸 팝'이 더 이상 미국인 아티스트의 전유물이 아니게 된 것과 유사하다. 지금은 다양한 국적의 아티스트가 '아메리칸 팝' 스타일의 음악을 만들고 있으며 이제는 그 경계가 매우 모호해졌다. 케이팝도 비슷한 진화 과정을 겪고 있는 것으로 보인다.

이런 현상은 우리에게 중요한 질문을 던진다. 케이팝의 정체성은 과연 무엇일까. 한국에서 만들어졌다는 것? 한국인 멤버가 있다는 것? 아니면 완성도 높은 퍼포먼스와 음악성? 어쩌면 우리가 생각하는 것보다 케이팝의 본질은 훨씬 더 보편적인 것인지도 모른다.

이제 케이팝은 특정 국가나 민족의 문화적 산물이 아닌 하나의 글로벌 문화 형식으로 진화하고 있다. 마치 재즈나 힙합이 아프리카계 미국인 커뮤니티에서 시작되었지만 이제는 전 세계적인 음악 장르가 된 것처럼 케이팝도 한국적 뿌리를 가진 글로벌 문화 현상으로 자리 잡고 있는 것이다. 이제 케이팝 세대론 자체에 대한 새로운 시각이 필요한 타이밍일지도 모르겠다. 시간의 흐름이나 뚜렷한 특징으로 구분 짓기에는 케이팝의 변화가 너무나 복잡하고 다층적이기 때문이다.

여기서 주목할 만한 것은 '원조 맛집'과 '현지화'의 상호작용이다. 한때 케이팝은 철저히 한국에서 만들어지고 수출되는 문화 콘텐츠였지만 이제는 그 경계가 흐려지고 있다. 한국의 아이돌은 글로벌 시장에 맞춰 변화하고, 현지화된 아이돌들은 케이팝의 본질을 재해석한다. 이 과정에서 발생하는 상호작용은 케이팝을 더욱 풍성하게 만들고 있다. 따라서 케이팝을 하나의 '생태계'로 바라보는 접근이 더 적합할 수 있다. 이 생태계 안에서는 다양한 흐름과 경향이 공존하며 서로 영향을 주고받는다. 어떤 그룹들은 전통적인 케이팝의 요소를 강조하고 또 다른 그룹들은 새로운 실험을 시작한다.

이런 변화는 케이팝이 더 이상 단일한 중심이나 방향성을 가진 트렌드가 아니라 다양한 실험과 해석이 공존하는 방향으로 진화하고 있음을 시사한다. 마치 영화나 문학과 같이 성숙한 문화 형식이 다양한 장르와 스타일, 접근법을 포용하는 것과 유사하다. 지금 우리가 목격하고 있는 혼란스러운 변화야말로 케이팝의 진화 과정일지 모른다. 따라서 이제는 세대를 구분하는 것보다, 변화가 가진 의미를 이해하고 케이팝이 품은 무한한 가능성을 발견하는 작업이 더 중요하다.

쑨디
@deeplovehalf

난 정말 현지화 아이돌들 사랑하지만 그치만
real K-팝 그룹들이 제일 멋잇엇으면 좋겠어 원조맛집으로
우리 강산 푸르게 푸르게

오후 4:28 · 2025년 1월 8일 · 1.9만 조회수

그래도 나는 케이팝 원조 맛집으로 우리나라가 계속 잘해줬으면 좋겠다

어쩌면 '포스트 케이팝' 시대로 진화할 수도 있다. 케이팝이 사라진다는 의미가 아니라 보편적인 팝 문화 형식으로 확장된다는 의미다. 이런 확장 과정에서도 변치 않을 케이팝의 본질적 가치와 매력은 무엇일까. 아나노 완성도 높은 퍼포먼스와 비주얼, 훈련된 기술, 치밀한 기획력 등의 형식적 요소를 넘어 팬들과의 깊은 유대

감, 꿈과 성장의 서사, 글로벌 문화에 대한 개방성과 적응력 같은 정서적, 문화적 가치에 있을지 모른다.

케이팝이 세대 구분의 경계를 넘어 진화하는 모습은 우리에게 문화의 역동성과 적응력을 보여주는 흥미로운 사례다. 이 실험의 결과는 아직 알 수 없지만 그 과정 자체가 이미 충분히 가치 있고 흥미로운 문화적 현상임은 분명하다. 결국 우리가 케이팝에 던져야 할 질문은 "이것이 몇 세대인가?"가 아니라 "이것이 어떤 의미와 가치를 가지고 있는가?"이다. 세대의 경계가 모호해진 지금 우리는 더 자유롭게 케이팝의 무한한 가능성을 상상하고 탐색할 수 있게 되었으니까.

세대 구분의 모호함은 한계가 아닌 가능성의 징후다. 케이팝이 단일한 공식이나 정체성에 제한되지 않고, 창의적인 실험과 문화적 융합을 시도할 수 있는 자유를 얻었음을 의미한다. 이 자유로운 실험의 시대에 케이팝의 새로운 지평이 어떻게 펼쳐질지 지켜보게 되는 것은 오타쿠의 사명일지도…. (안경 척)

좋아했던 걸 쪽팔리게 만드는 녀석은 죽어야 한다

'좋아했던 걸 쪽팔리게 하는 놈은 죽어야 한다.'

위 문장은 다소 거칠지만 굉장히 유명한 인터넷 밈이다. 주로 범죄를 저지르거나 해서는 안 될 짓을 한 최애에게 바치는 문장인데 무언가 이슈가 터졌을 때 자주 등장하는 터라 오타쿠들 사이에서는 일명 '덕질 사이렌'으로 불리기도 한다. 마치 재난 경보처럼 이 문장이 등장하면 또 한 명의 오타쿠가 탈덕의 길을 걷게 될 거란 걸 암시하니까.

세상에 쉽게 끝낼 수 있는 감정이 어디 있으랴. 이슈가 생겨 찬물이 끼얹어진 오타쿠의 마음에 불씨가 꺼지지 않는다면 그만한 고통도 없다. 고통받기 싫으면 그만두면 되지 않냐고? 말이 쉽지. 사람 마음이 그렇게 쉬웠다면 이런 거친 문장도 나오지 않았을 것이다.

덕질이란 단순한 취미가 아니다. 그것은 정체성의 일부가 되어버린 열정이다. 그저 좋아하는 대상을 소비하는 것에 그치지 않으며 자신의 삶과도 깊이 연결되어 있다. 매일 아침 눈을 뜨면 가장 먼저 확인하는 소식, 힘든 날 위로가 되어주는 노래, 삶의 의미를 찾게 해주는 가치관까지. 덕질은 삶의 구석구석에 스며들어 있다. (그래서인지 요즘은 과몰입하지 않는 덕질만을 추구하는 사람도 많이 생겨나고 있다. 다들 각자 살 방법을 찾는 것이겠지)

그렇기에 좋아하는 대상이 무너질 때의 충격은 실망 그 이상이 된다. 믿었던 친구의 배신, 사랑했던 연인의 변심, 심지어는 신앙의 위기와도 비슷한 감정적 충격을 준다. 이런 경험은 단순히 취미를 잃는 것이 아니라 자신의 일부가 무너지는 듯한 존재론적 위기로 다가오기도 한다.

더구나 현대사회에서 덕질은 사회적 관계와 소속감의 원천이 되기도 한다. 같은 대상을 좋아하는 사람들과의 교류, 팬덤 활동을 통한 유대감, 함께 나누는 기쁨과 슬픔. 이런 관계들이 덕질을 통해 형성되고 유지된다. 따라서 탈덕은 단순히 좋아하는 대상을 잃는 것이 아니라 그동안 쌓아온 관계와 소속감까지 잃게 되는 과정이기도 하다.

> **Q 사랑이 변하나요? 죽을 때까지 약속 아닌가요?**
> ps**** · 채택률0% · 마감률0%
>
> 사랑이 변하나요? 죽을 때까지 약속 아닌가요?
>
> 2007.06.19. 조회수 6,810

특히 요즘처럼 정보가 빠르게 유통되는 시대에는 한 번 터진 이슈가 눈덩이처럼 불어나는 경우가 많다. 처음에는 작은 논란으로 시작했다가 파도 파도 새로운 의혹이 나오고 결국에는 돌이킬 수 없는 상황까지 가는 경우를 우리는 수도 없이 봐왔다.

소셜미디어와 온라인 커뮤니티의 발달은 이런 상황을 더욱 가속화하고 있다. 이제는 누군가의 실수나 잘못이 실시간으로 전 세계에 공유되고, 순식간에 엄청난 양의 분석과 비판이 쏟아진다. 이 과정에서 사실과 루머의 경계는 흐려지고 맥락은 사라지며 사건은 점점 더 복잡한 양상을 띠게 된다. 가속 페달만 있고 브레이크는 없는 온라인 세계에서, 논란은 통제 불가능한 속도로 확산된다.

게다가 미디어와 엔터테인먼트 산업의 속성상, 한 번 이미지가 실추되면 회복하기 어렵다는 점도 상황을 악화시킨다. 한번 대중의 기억 속에 각인된 부정적 이미지는 쉽게 사라지지 않는다. 더구나 경쟁이 치열한 연예계에서는 새로운 스캔들이 과거의 것을 덮어버리기 전까지 오명이 계속해서 따라붙는다.

이런 환경 속에서 오타쿠들은 끊임없이 불안과 갈등 사이에서 줄타기를 한다. 오늘 좋아하는 사람이 내일은 대중의 지탄을 받는 인물이 될 수도 있다는 불안. 어제까지 자랑스럽게 드러냈던 팬심을 오늘은 숨겨야 할지도 모른다는 두려움. 이런 감정적 롤러코스터를 타다 보면 덕질은 스트레스의 원인이 되기도 한다. 이런 상황에서 오타쿠들이 보이는 반응은 거의 정해진 수순을 따른다. 마치 병이 진행되는 것처럼 단계별 증상이 나타난다. 심지어 이 과정은 팬덤의 규모나 성격과 관계없이 놀라울 정도로 비슷하다.

처음엔 분노다. "어떻게 이럴 수가 있어?" "왜 하필 개

```
【1단계】 분노
"어떻게 이럴 수가 있어?"
"왜 하필 걔가?"
배신감과 함께 옴
피해자가 되었다는 느낌
```

↓

```
【2단계】 연민
"뭔가 사정이 있었겠지"
"잘못 알려진 거 아닐까?"
'합리화'가 따라옴
아직 애정을 거두기 힘듦
```

↓

```
【3단계】 의심
"그동안 다른 일은 없었을까?"
"예전에 그 일도 이상했어."
타 팬덤에 대한 분노가 시작됨
모든 행동이 쎄함의 증거가 됨
```

↓

```
【4단계】 고통
"왜 진작 알아차리지 못했을까?"
"어떻게 이 사람을 좋아했지?"
순수한 상실감만 남음
행복했던 덕질의 기억이 오염됨
```

↙ ↘

```
【5-1단계】 인정(탈덕)
"그래도 그때는 진심이었어"
혹은 "처음부터 다 가짜였어"
자기 정체성을 새로 만들어야 함
'현실 부정' 팬덤이 미쳤다고 생각
```

```
【5-2단계】 현실 부정
"이건 다 음해일 거야"
"경쟁 기획사의 계략이야"
루머를 생성하기 시작함
'인정' 팬덤을 배신자로 몰아세움
```

가?" 분노는 대개 배신감과 함께 온다. 내가 이렇게 좋아했는데 내가 이렇게 믿었는데. 이 단계에서는 소셜미디어에 격한 반응을 올리거나 자신도 모르게 선동적인 경향의 글을 쓰게 된다. 가끔은 '내가 아는 걔'는 이런 사람이 아니라며 화를 내는 상황이 벌어지기도 한다.

분노는 무력감에서 비롯된 자연스러운 반응이다. 내가 통제할 수 없는 상황에 직면했을 때 우리의 뇌는 싸우거나 도망가거나 하는 원시적 반응을 활성화하곤 한다. 그런데 덕질의 상황에서는 '도망'이 쉽지 않다. 이미 감정적으로 많은 투자를 한 데다 얽히고설킨 마음의 실타래를 한 번에 정리하기는 어렵기 때문이다. (여기서 '투자'는 단순히 돈을 뜻하지 않는다. 가끔은 돈보다 더 큰 감정이 투여되기도 하는데 대부분 눈에 보이지 않는 것을 가치 있게 생각하지 않기 때문에 많은 사람들이 이 지점에서 자신의 감정을 헷갈려 한다)

이 단계에서는 마치 자신이 직접적인 피해자인 것처럼 느끼는 경우가 많다. 물론 실제로 법적·금전적 피해가 있을 수 있지만 (예컨대 콘서트 티켓을 샀거나 굿즈를 구매했다면) 그보다 더 큰 것은 심리적 배신감이다. 시간과 감정을 쏟아부은 대상이 자신이 생각했던 그런 사람이 아니었다는 사실이 주는 충격은 어마어마하다. 또한 이 단계에서는 종종 '내가 속았다'는 느낌과 함께 '내가 어떻게 이런 사람을 좋아했지?'라는 자책감이 교차하기도 한다. 마치 자신의 판단력이나 가치관에 문제가 있었던 것처럼 느끼는 것이다. 이런 자책은 분노를 더욱 증폭시킨다.

이 분노의 단계에서 가장 위험한 것은 무분별한 집단행동으로 이어질 가능성이다. 분노한 팬들이 연예기획사에 항의 전화나 팩스를 폭주시키거나 관련 없는 사람들까지 공격하거나, 때로는 법적 경계를 넘는 행동을 하게 되는 경우도 있다. (물론 최근에는 이런 집단적 움직임이 많이 줄긴 했다) 이런 집단적 분노 표출은 종종 또 다른 피해자를 만들어내는 악순환으로 이어진다. 한편으로 이 분노의 단계는 상당히 역설적이다. 누군가를 너무 사랑했기 때문에 그만큼 증오하게 되는 것. 사랑과 미움이 동전의 양면처럼 붙어 있음을 확인하는 순간이다. 어쩌면 강렬한 분노는 그만큼 강렬했던 애정의 방증일지도 모른다.

분노가 조금 가라앉으며 연민이 찾아온다. "뭔가 사정이 있었겠지" "잘못 알려진 거 아닐까?" 이 단계는 부정기다. 현실을 받아들이기 싫은 마음에서 오는 자기 위안. 이쯤 되면 팬덤 내부에서 각종 해명과 변명이 등장하기 시작한다.

이 연민의 단계는 심리학에서 말하는 '인지부조화'를 해소하려는 노력으로 볼 수 있다. 인지부조화란 서로 충돌하는 두 가지 신념이나 정보를 동시에 가지고 있을 때 느끼는 불편함이다. '내가 좋아하는 사람은 좋은 사람이어야 한다'는 신념과 '그 사람이 나쁜 일을 했다'는 정보 사이의 갈등. 이 불편감을 해소하기 위해 우리 마음은 여러 방어기제를 작동시킨다.

그중 하나가 바로 '합리화'다. "그럴 만한 이유가 있었겠지" "사실은 그가 피해자일 수도 있어" "언론이 왜곡했을 가능성이 크지"와 같은 생각들. 이런 합리화는 당장의 감정적 고통을 완화해주지만 장기적으로는 현실 직시를 늦추는 효과만 있다.

이 단계에서, 해당 연예인의 과거 선행이나 좋은 면모를 끊임없이 상기시키며 균형을 맞추려는 시도도 나타난다. "그래도 그동안 기부도 많이 했잖아" "팬들한테 항상 잘해줬는데" 같은 식으로. 저울의 한쪽에 쌓인 부정적 요소를 상쇄하기 위해 다른 쪽에 긍정적 요소들을 열심히 쌓아 올리는 것과 같다.

이 단계에서 매우 창의적인 변명과 해석이 만들어지기도 한다. 증거가 명백해 보이는 상황에서도 이를 다르게 해석할 수 있는 일말의 가능성을 찾아내는 인간 마음의 놀라운 능력이 발휘된다. 마치 법정 변호사처럼 가능한 모든 각도에서 상황을 재해석하고 여지를 찾아내려 노력한다.

해당 인물에 대한 연민과 동정심이 강하게 나타나기도 한다. "얼마나 힘들었으면 그랬을까" "대중의 압박 속에서 살아가는 게 얼마나 어려울까" 연민의 단계가 오래 지속되면 현실 인식이 왜곡되고 객관성을 잃게 될 위험이 있지만 이 단계는 심리적 쿠션 역할을 한다. 과도기를 거쳐 서서히 진실을 받아들이게 되는 것이다.

그러다 의심이 시작된다. "혹시 그동안 다른 일은 없었을까?" "저번에 그 일도 이상했어" 전에는 눈감아주었던 일들이 하나둘 떠오르기 시작한다. 이 단계에서는 과거 영상이나 기사를 검색하며 새로운 의혹을 찾아내는 데 몰두한다.

의심의 단계에서는 마치 댐이 무너지듯 밀려오는 부정적 감정과의 싸움이 일어난다. 이전에는 애정이라는 필터를 통해 모든 것을 긍정적으로 해석했다면 이제는 의심이라는 렌즈를 통해 모든 것을 재검토하기 시작한다. 예전에는 귀여운 실수로 여겼던 행동이 이제는 불길한 조짐으로 보이고 매력적인 자신감으로 봤던 태도가 이제는 거만함의 표현으로 느껴진다.

마치 역사학자가 새로운 사료를 발견했을 때 과거의 사건들을 재해석하는 것과 비슷하다. 하나의 새로운 정보가 전체 맥락을 바꿔놓는 것이다. 그리고 이런 재해석은 종종 과거의 모든 기억을 오염시키는 효과를 가져온다. 한때 순수하게 즐거웠던 추억에조차 의심의 그림자가 드리워진다.

이 단계에서 '확증 편향'이 역으로 작동하기도 한다. 원래 확증 편향이란 기존 믿음을 강화하는 정보만 선택적으로 받아들이는 경향을 말하는데, 의심의 단계에서는 반대로 부정적 신념을 강화하는 증거만 찾아내려는 경향이 강해진다. 그동안 무시했던 사소한 신호들, 간과했던 작은 실수들이 모두 의미 있는 증거로 재해석된다.

의심의 시기에는 팬들의 집단적 수사가 이루어지기도 한다. 소셜 미디어나 팬 커뮤니티에서 누군가 새로운 의혹을 제기하면, 다른 이들이 관련 증거를 찾아 공유하고, 또 다른 이들이 그것을 분석하는 식으로 마치 협업 수사가 진행된다. 이 과정에서 때로는 엄청난 양의 자료가 발굴되고 분석되는데 집단 지성의 힘은 종종 놀라운 결과를 만들어내기도 한다.

하지만 이 단계에서 일종의 '마녀사냥'이 일어날 위험도 있다. 객관적 증거보다는 감정과 추측에 의존하게 되고 작은 실수나 오해마저 악의적으로 해석하게 되는 것이다. 이는 해당 인물뿐 아니라 팬덤 자체에도 해로운 결과를 가져올 수 있다. 이 단계에서 종종 다른 팬들에 대한 분노와 배신감도 함께 나타난다.

그다음은 고통이다. 여기서부터가 진짜다. 앞선 단계들은 그나마 정신이 있었다면 고통 단계는 순수하게 아프기만 하다. 내가 썼던 글들, 모았던 굿즈들, 저장해둔 사진들…. 이 모든 게 고문이 된다. 좋았던 기억이 많을수록 고통은 더 커진다. 고통의 단계는 탈덕 과정에서 가장 깊은 심연과도 같다. 분노와 변명, 의심도 모두 지나가고 남은 것은 순수한 상실감뿐. 마치 사랑하는 사람을 잃은 것과 같은 애도 이 감정이 밀려온다.

이 단계의 고통은 실제 이별의 고통과 매우 유사하다. 문득문득 떠오르는 좋았던 기억들, 습관적으로 찾게 되는 관련 콘텐츠들, 그 사람의 생년월일로 지정해 뒀던 비밀번호. 이런 경험은 마치 유령처럼 우리를 따라다니며 상처를 덧나게 만든다. 이 단계에서 가장 괴로운 것은 기억의 오염이다. 순수하게 좋았던 기억들이 의심과 배신감으로 물들어버리는 경험. 좋아하는 가수의 노래를 들으며 느꼈던 위로와 감동이, 이제는 불편함과 아이러니로 가득한 경험으로 변질되는 것. '기억의 재구성(Memory Reconstruction)'↬ 과정은 종종 우리 정체성의 일부까지 뒤흔든다.

이 고통의 단계에서 자신에 대한 실망과 자책이 다시 찾아온다. "어떻게 그런 사람을 좋아할 수 있었지?" "왜 진작 알아차리지 못했지?" "내가 너무 맹목적이었나?" 와 같은 자기 의심. 자책은 단순히 해당 인물에 대한 실망을 넘어 자신의 판단력과 가치관 전반에 대한 회의로 이어지기도 한다. 물질적·시간적 투자에 대한 후회도 더해진다. 모아둔 굿즈들, 콘서트 티켓으로 지출한 돈, 팬 활동에 쏟아부은 시간과 노력…. 이 모든 것이 허무하게 느껴지는 순간이다. 마치 주식에 투자했다가 회사가 파산한 것처럼 모든 투

↬ 과거 기억을 떠올릴 때 뇌에 저장된 정보를 그대로 불러오는 것이 아니라 현재의 감정, 경험, 지식에 따라 기억을 재구성하는 과정을 의미한다.

자가 무가치해진 느낌을 받는다.

현대 사회에서는 이런 '흑역사'가 디지털 형태로 영구히 보존된다는 점도 문제다. 소셜미디어에 올렸던 열성적인 팬심의 표현, 팬카페에 남겼던 댓글, 공유했던 사진과 영상과 같은 디지털 흔적은 쉽게 지워지지 않고, 언제든 다시 수면 위로 떠오를 가능성을 가지고 있다.

사회적 낙인에 대한 두려움도 따른다. 특히 논란이 클수록 "저 사람 팬이었다"는 사실 자체가 부끄러움으로 다가올 수 있다. 범죄자의 가족이 느끼는 수치심과도 비슷한 감정. 내가 직접 한 일은 아니지만 그 사람과 연관되었다는 이유만으로 느끼게 되는 사회적 부담. 복합적인 고통 속에서, 사람들은 결국 두 가지 대응 방식 중 하나를 선택하게 된다.

먼저 현실을 받아들이는 방식이 있다. 인정하고 탈덕하는 것이다. 정리할 건 정리하고 버릴 건 버리고. 쿨해 보이지만 사실 가장 아픈 선택이다. 좋아했던 마음까지 부정하게 되니까.

"그래, 이제 끝이야."

이렇게 탈덕이 완료된다. 대부분 소셜미디어 계정을 정리하고 굿즈를 판매하고, 사진과 영상을 삭제하는 등 '정리 의식'을 치르며 심리적 마침표를 찍는다. 상실을 받아들이는 애도의 마지막 단계와 비슷하다. 부정하거나 분노하는 대신 있는 그대로의 현실을 받아들이는 것. 얼핏 보기에 간단해 보일 수 있지만 실제로는 엄청난 용기와 결단력을 요구한다. 좋아하는 것을 그만두는 차원을 넘어, 지금까지의 시간과 감정적 투자를 모두 내려놓고 새로운 시작을 선언하는 것이기 때문이다.

쑨디
@deeplovehalf

Close.

오후 5:13 · 2020년 10월 26일

덕질 계정을 정리할 때는 이 멘트가 '국룰'⇵이다

하지만 정리 과정이 항상 쉽게 이루어지는 것은 아니다. 오랜 기간 깊이 좋아했던 경우라면 흔적을 모두 지우

⇵ 나라를 의미하는 한자 '국(國)'에 규칙을 뜻하는 영어 'rule'을 합친 신조어. 사회에서 보편적으로 통용되거나 유행하여 국민 대다수가 널리 받아들이는 규칙.

는 것은 마치 자신의 일부를 잘라내는 것과 같은 고통

을 수반한다. 어떤 이들은 이 과정에서 다시 분노나 슬픔의 단계로 돌아가기도 하고 어떤 이들은 정리와 함께 새로운 상실감을 경험하기도 한다.

이 단계에서 종종 기억의 재구성 작업이 이루어지기도 한다. 어떤 이들은 "그래도 그때는 진심이었어"라며 과거의 좋았던 추억을 분리해서 간직하려 하고 어떤 이들은 "처음부터 다 가짜였어"라며 모든 기억을 부정하기도 한다.

어떤 방식을 선택하든, 이 과정은 일종의 자기 보호 과정이다. 지나치게 좋은 기억은 현재의 결정(탈덕)과 인지부조화를 일으킬 수 있고, 지나치게 나쁜 기억은 자신의 판단력에 대한 의심으로 이어질 수 있기 때문이다. 균형 잡힌 시각을 유지하는 것이 이상적이지만 강한 감정이 개입된 상황에서는 그리 쉬운 일이 아니다.

마지막으로, 인정 단계에서 가장 어려운 일은 '자기 정체성의 재구성'이다. 특히 해당 덕질이 자신의 정체성에 깊이 연결되어 있었던 경우라면 더욱 그렇다. 'O의 팬'이라는 정체성이 자신을 정의하는 중요한 요소였다면 그것을 내려놓은 뒤에 "나는 누구인가?"라는 근본적인 질문과 다시 마주하게 된다. 이 과정은 고통스럽지만 자기 성찰과 성장의 기회가 되기도 한다.

고통의 단계를 지나 현실을 부정하게 될 수도 있다. 루머로 진실을 대체하는 이 길을 나는 '눈 가리고 아웅'이라고 부른다. "이건 다 음해일 거야" "누군가의 계략이야" 이런 식으로 음모론을 만들며 버티는 것이다. 이 방식이 더 편할 수도 있다, 당장은. 하지만 결국 더 큰 상처로 돌아올 가능성이 높다. 마치 치과가 무서워 충치를 외면하고 방치하는 것처럼.

루머 생성 단계는 심리학에서 말하는 '현실도피'의 전형적인 예라고 볼 수 있다. 받아들이기 힘든 현실 앞에서, 인간의 마음은 종종 대안적 현실을 구축하려는 경향을 보인다. 특히 그 현실이 자신의 정체성이나 믿음 체계를 위협할 때 더욱 그렇다.

이 단계의 가장 큰 특징은 '음모론적 사고방식'의 발달이다. 음모론은 복잡하고 불편한 현실에 단순하고 명쾌한 설명을 제공함으로써 심리적 안정감을 준다. "이건 다 경쟁 기획사의 음모야" "언론이 악의적 보도를 하고 있어" 식의 설명은 혼란스러운 상황에 질서와 의미를 부여한다.

음모론적 사고는 '편집증적 방어기제'로 볼 수 있다.

외부 세계가 자신 혹은 자신이 좋아하는 대상을 공격하고 있다고 느끼면, 이에 대항하는 서사를 만들어내는 것이다. 이렇게 만들어진 서사는 단순히 개인적인 망상에 그치지 않고 종종 팬덤 내에서 공유되고 강화된다.

특히 소셜미디어 환경은 이런 집단적 음모론이 발달하기 좋은 조건을 제공한다. 비슷한 생각을 가진 사람들이 모여 서로의 의견을 강화하는 현상이 발생하기 쉽고, 정보의 선택적 수용과 확증 편향이 심화되기 쉽다. 소셜미디어의 알고리즘은 이런 경향을 더욱 강화하여 결국 같은 팬덤 내에서도 완전히 다른 '현실'을 경험하게 만든다.

이때, '선택적 인지'를 하는 팬들 또한 생긴다. 자신의 견해와 맞지 않는 정보를 무시하거나 왜곡하고 자신의 견해를 지지하는 정보만 받아들이는 것이다. "내 마음이 그 사람에게 잘못이 없다고 말해"라는 식의 태도는 이성적 판단보다 감정적 유대를 우선시하는 모습을 보여준다.

'피해자 전환'이라는 현상도 나타난다. 실제 문제 행동을 한 사람보다 이를 지적하고 비판하는 사람이 더 나쁜 사람인 것처럼 프레임을 바꾸는 것이다. "언론의 악의적 보도가 더 문제다" "안티의 마녀사냥이 더 심각하다"는 식의 주장이 그 예다. 이런 프레임 전환은 도덕적 책임의 소재를 흐리고 본질적인 문제로부터 시선을 돌리는 효과를 가져온다.

루머 생성 단계가 지속되면 현실과의 괴리는 점점 더 커지게 된다. 초기에는 작은 의심과 부정으로 시작했던 것이 시간이 지날수록 점점 더 복잡하고 비현실적인 이론으로 발전하게 된다. 거짓말이 꼬리에 꼬리를 물고 커지는 것과 비슷한 양상을 보인다. 이런 현실도피는 일시적으로 안정감을 줄 수는 있지만, 장기적으로는 더 큰 상처와 혼란을 가져올 가능성이 높다. 부정의 시간이 길어질수록 최종적으로 직면하는 순간의 고통은 더 충격적일 수 있다.

'현실 인정' 루트를 탄 쪽에서는 '현실 부정' 루트를 탄 쪽에 대해 "이성을 잃었다"고 비난하고 '현실 부정' 쪽에서는 '현실 인정' 쪽을 "배신자"라고 몰아세운다. 같은 팬덤 내에서 벌어지는 내전은 때로는 본래 이슈보다 더 격렬해지기도 한다.

팬덤 내 갈등은 의견 차이를 넘어 '정체성 전쟁'의 성격을 띤다. 같은 대상을 좋아하는 사람들 사이에서 대상에 대한 해석과 태도가 극명하게 갈리면서 발생하는 갈등이다. '현실 인정'을 선택한 팬들은 대개 자신의 결정이 이성적이고 원칙적이라고 생각한다. 이들에게 '현실 부정'을 택한 팬들은 현실을 직시하지 못하고 맹목적이며 이성을 잃은 사람들로 보인다. 반면 '현실 부정'을 택한 팬들은 자신들의 선택이 '충성'과 '신뢰'에 기반한 것이라 여기며 이들은 '현실 인정'을 택한 팬들을 진짜 팬이 아닌 까닭에 쉽게 돌아선 배신자로 인식한다.

이런 상호 인식의 차이는 극심한 갈등과 반목으로 이어지기도 한다. 같은 커뮤니티에서 활동하던 사람들이 서로를 적대시하게 되고 때로는 인신공격과 집단 괴롭힘으로까지 발전하기도 한다. 이런 갈등이 특히 심각해지는 이유 중 하나는, 양측 모두 자신의 선택이 도덕적으로 우월하다고 느끼기 때문이다. '현실 인정' 측은 자신들이 '진실'과 '원칙'의 편에 서 있다고 믿고 '현실 부정' 측은 자신들이 '충성'과 '공정함'의 가치를 지키고 있다고 믿는다. 이런 도덕적 확신은 타협의 여지를 줄이고 갈등을 더욱 심화시킨다.

이런 갈등은 사회적·문화적 논쟁으로 확장되기도 한

다. 특히 문제 행동이 젠더·인종·정치 등 민감한 사회적 이슈와 관련된 경우, 팬덤 내 갈등은 곧 이데올로기 충돌의 장이 된다. 갈등은 더욱 복잡하고 해결하기 어려운 양상을 띠게 된다. 특히 '현실 부정' 단계에 머무는 팬들의 행보는 예측 불가능하다. 음모론은 점점 더 심화되며 해명은 더욱 황당해진다. 이런 상태가 오래 지속될수록 팬덤 전체가 건강하지 못한 방향으로 흘러가게 된다.

'현실 부정' 단계가 장기화될 때 현실과의 괴리 또한 심화된다. 초기에는 그럴듯한 해석과 의구심 정도로 시작했던 것이 시간이 지날수록 점점 더 비합리적이고 극단적인 주장으로 진화한다. 음모론이 가진 자기 강화적 속성 때문이다. 하나의 음모론을 유지하기 위해 더 많은 음모론이 필요해진다. 또한 모든 부정적 정보나 비판을 '악의적 의도'에서 비롯된 것으로 해석하는 경향이 강해진다. 객관적 보도나 중립적 의견조차 '안티'의 공격으로 받아들여지고 더 많은 이들이 '적'으로 규정된다.

이 상태가 지속되면 일종의 '대체 현실'이 구축된다. 팬덤 내에서만 통용되는 특수한 '사실'과 '해석'으로 인해 외부 세계와의 소통이 더 어려워진다. 종교적 컬트 집단이 외부 세계와 단절되는 양상과도 비슷하다. 외부의 모든 정보를 불신하고 내부에서 생성된 정보만을 진실로 받아들이는 인지적 고립 상태가 심화된다.

이는 집단적 행동의 급진화로 이어지기도 한다. 자신의 믿음을 지키기 위해 점점 더 극단적인 행동을 정당화하게 되는 것이다. 예를 들어, 비판적 기사를 쓴 기자에게 협박 메시지를 보내거나 관련 증언을 한 사람에게 사이버불링을 가하거나 심지어 법적 경계를 넘는 행동까지 감행하기도 한다. 처음에는 '정의를 위한 행동'이라는 명분 아래 시작되지만 점차 통제 불가능한 방향으로 심화되곤 한다.

이 단계에서는 '순교자 콤플렉스'가 발달하기도 한다. 자신들이 '진실'을 위해 싸우는 소수의 용감한 사람들이라는 인식이 강화되면서 외부의 비판이나 조롱이 오히려 자신들의 '정의로움'을 증명하는 증거로 해석된다. 결과적으로 외부 비판이 많아질수록 내부 결속은 더욱 강화된다.

이런 집단적 망상 상태가 위험한 이유는 집단적 행동으로 표출될 가능성이 있기 때문이다. 개인으로서는 하지 않을 행동도, 집단의 일원으로서는 쉽게 감행할 수 있다. 이는 일종의 '집단 사고' 현상으로 집단 내 동조 압력과 책임 분산 효과가 결합된 결과다.

결국 '현실 부정' 단계의 장기화는 팬덤의 정체성과 평판에도 심각한 타격을 줄 수 있다. 처음에는 충성스러운 팬들로 인식되던 것이 점차 비합리적인 집단, 맹목적인 추종자, 심지어는 유해한 문화로까지 인식될 수 있다. 결국 팬덤 자체의 사회적 고립과 낙인으로 이어질 가능성이 크다.

결국 이 모든 과정의 끝에 우리가 발견하는 건, 좋아했던 마음조차 민망해지는 순간이다. 아이돌이 저지른 범죄나 비윤리적 행위는 팬들의 향수마저 망가뜨린다. 한때의 즐거웠던 기억들이 불편한 기억으로 바뀌고 덕질의 흔적은 흑역사가 된다. 이 민망함의 단계가 덕질의 가장 가슴 아픈 부분일지 모른다. 이런 '민망함'은 집단적 차원에서 경험되기도 한다. 같은 팬덤에 속했던 사람들 사이에서 과거에 공유한 경험이 이제는 말하기 어색한 주제가 되는 것이다.

이렇게 과거의 긍정적 감정과 추억이 '오염'되는 경험은 심리적 상실감을 가져온다. 그것은 단지 좋아했던 대상을 잃는 것이 아니라 그와 관련된 순수했던 감정과 기억마저 잃게 되는 이중의 상실이다. '좋아했던 걸 쪽팔리게 만드는 새끼는 죽어야 한다'는 격한 표현이 많은 이들에게 공감을 얻는 이유는, 바로 이런 이중의 상실에 대한 분노와 좌절이 담겨 있기 때문일 것이다.

어떤 사람은 이런 과정을 겪은 뒤, 덕질 자체를 그만두기도 한다. 하지만 대부분의 경우, 또 다른 대상을 찾아 새로운 덕질을 시작한다. 이게 덕질의 아이러니다. 탈덕의 고통을 알면서도 또다시 누군가를 좋아하게 되는 것이다. '덕질-탈덕-새 덕질'의 사이클에는 인간의 심리적 욕구가 반영되어 있다. 덕질은 '소속감'과 '의미'에 대한 근본적 욕구를 모두 충족시켜준다. 특정 대상을 좋아함으로써 비슷한 취향을 가진 사람들과 연결되고, 그 과정에서 즐거움과 의미를 발견하게 되는 것이다. 덕질의 기쁨과 충만감이 고통의 위험보다 크다고 느끼기 때문이다.

이런 사이클에는 일종의 '학습 효과'도 작용한다. 이전의 탈덕 경험을 통해 다음 덕질에서는 더 '현명하게' 행동하려고 노력하는 것이다. 맹신을 피하고 적절한 거리두기를 유지하며, 감정적 투자의 강도를 조절하는 등의 전략을 개발한다.

덕질의 사이클은 인간의 회복탄력성을 보여주는 좋은 예이기도 하다. 심리적 충격과 상처를 입은 후에도, 시간이 지나면 다시 일어나 새로운 시작을 하는 능력. 경험을 통한 성장과 적응의 과정. 탈덕의 아픔이 완전히 사라지지 않더라도 그것과 함께 살아가는 법을 배우게 되는 것이다. 중독이나 도박과도 양상이 비슷한 듯하다. 이전의 실패를 알면서도 또다시 사랑에 빠지고 마는 것이다.

덕질과 연애 그리고 도박 사이에는 심리적 유사점이 있다. 모두 '보상의 불확실성'이라는 요소를 포함하고 있기 때문이다. 심리학자들은 예측 불가능한 간헐적 보상이 가장 강력한 행동 강화 요인 중 하나라고 말한다. 내가 좋아하는 아이돌이 언제 새 콘텐츠를 발표할지, 어떤 활동을 할지 예측할 수 없다는 불확실성이 오히려 지속적인 관심과 기대를 유지하게 만든다.

덕질과 연애 모두 '이상화'라는 심리적 메커니즘이 작동한다는 점도 유사하다. 이상화란 좋아하는 대상의 긍정적 측면은 과장하고 부정적 측면은 최소화하여 인식하는 심리를 일컫는다. 이런 이상화는 관계 초기에는 강한 열정과 몰입을 가능하게 하지만, 현실과의 괴리가 커질수록 나중에 더 큰 실망으로 이어질 위험도 커지게 된다. 우리는 모두 잠재적인 탈덕러다. 그리고 그걸 알면서도 또 누군가를 좋아하게 되겠지. 그것이 바로 오타쿠의 삶이니까.

쑨디
@deeplovehalf

나는 니가 너무 좋아서 너가 영원할 줄 알았어

오전 9:42·2024년 9월 10일·4.5만 조회수

PART 3

트위터리안 쑨디의 이야기

쑨디의 덕질 일대기

쑨디
@deeplovehalf

사람은 어릴 때 본 콘텐츠로 취향이 싹 갈리는 거 같음
그러니까 나는 센과치히로의행방불명,원령공주,하울의움직이는성,나루토,데스노트,스즈미야하루히의우울,오란고교호스트부,투애니원티비,투피엠의와일드바니,인피니트의당신은나의오빠,세상을바꾸는퀴즈세바퀴로 이루어진 괴물인거임

오전 11:56 · 2024년 10월 10일 · 2.6만 조회수

언젠가 이 이야기를 세상에 공개하게 될 거라 생각은 했지만 이런 방식일 거라고는 생각한 적 없는데… 세상

은 정말 알다가도 모를 일 투성이다.

한평생을 오타쿠로 살아온 나는 다양한 장르들을 떠돌아다니며 모든 곳에 나의 안식처를 마련해왔다. 예전부터 '도망친 곳에 낙원은 없다'는 말을 인상 깊게 생각했는데 나의 결론은 다음과 같다. 모든 곳에 낙원을 만들면 될 일 아닌가. 그렇게 삶의 구석구석 많은 것을 사랑해온 나의 덕질 일대기를 풀어보려 한다.

나는 아주 어릴 때부터 무언가를 보고 읽는 것을 좋아하는 어린이였다. 이런 어린이는 책을 많이 읽는 청소년이 되고 생각이 깊고 올바른 어른이 되는 것이 수순이지만, 슬프게도 내 성장 과정에는 약간의 문제가 있었다. 바로 편식이 심했다는 것. (최근에 사주를 봤는데 지독하게 하고 싶은 것만 하는 사주라고. 세상엔 이런 팔자도 있는가 보다)

그래서인지 나는 사람들이 훌륭하다고, 필독 도서라고 내세우는 것들을 쏙쏙 피해 나한테 재미있는 것들만 찾아다녔다. 여기에 '학습만화' 열풍의 시대에 살았던 탓에 자연스럽게 만화에도 익숙해지게 되었고…. 그렇게 서울시 ○구 ○동에서 제일 씹덕인 아이가 탄생하게 된 것이다.

솔직히 좀 억울한 면도 있다. 아니, 공영 방송에서

쏜디
@deeplovehalf

쏜디 유소년기 가장 빡쳤던 순간 TOP3
3. 마법천자문 삼장이 마귀 마 저주 걸렸을 때
2. 오르페우스가 뒤돌아봤을 때
1. 도도가 에아 부활하기 3초전에 촛불 꺼트렸을 때
(이건씨발아직도생각하면개빡쳐서도도머리털다밀고싶음)

오전 10:09 · 2020년 7월 29일

⟨디지몬⟩과 ⟨포켓몬⟩이 나오고 ⟨나루토⟩ ⟨원피스⟩ ⟨이누야샤⟩ ⟨유희왕⟩ ⟨꼬마마법사 레미⟩ ⟨베리베리 뮤우뮤우⟩ ⟨달빛천사⟩가 실시간으로 방송되는 시대에 도대체 내가 무슨 수로 오타쿠가 안 될 수 있단 말인가. 나는 내 동년배들 중 갓반인↻으로 사는 사람들이 신기하고 대단해 보인다. 어떻게 그럴 수 있지. 심지어 당시 제일 유행했던 게임이 바로 ⟨메이플 스토리⟩다. 이렇듯 낭만이 넘치는 시대에 낭만 속에 빠져 사는 게 어떻게 비주류일 수 있겠나.

나이가 들면서 점차 친구들 사이에서는 애니메이션을 '유치한 것'으로 여기는 분

↻ 오타쿠가 아닌 일반인을 뜻함.

위기가 형성되었다. 남자아이들은 스포츠로, 여자아이들은 아이돌과 패션으로 관심사를 옮겼다. 하지만 나는 여전히 애니메이션과 만화의 세계에 머물러 있었다. 이때부터 조금씩 오타쿠로서의 정체성이 형성되기 시작했다.

여기까지는 그냥 적당히 만화를 좋아하는 평범한 아이의 이야기로 보일 수 있다. 그래, 나에게도 분명 적당히 추억의 만화를 좋아하는 평범한 어린이로 자랄 기회가 있었다. 그러나 오타쿠의 스탯(Stats)을 착실하게 쌓은 어린이 김쑨디 양은 애니메이션 〈오란고교 호스트부〉를 본 뒤로, 이 애니에 대한 다른 사람의 생각을 듣고 나와 같은 생각을 가진 사람들과 '교류'하고 싶다고 생각하게 되는데….

학원과 학교 친구들은 이 애니메이션을 나만큼 좋아하지는 않았기 때문에 '나만큼 이 장르를 좋아하는 사람'을 찾아 나서기 시작했고 그렇게 네이버 블로그를 시작하며 돌아올 수 없는 강을 건너게 되었다. 이것이 (굳이 따지자면) 나의 첫 번째 덕질이었다.

학교에서는 그저 '애니 좋아하는 약간 특이한 아이' 정도였던 내가, 인터넷이라는 무한한 세계에서 '팬'으로서의 정체성을 갖게 된 순간이었다. 세상에 나와 같은 생각을 하고 심지어 더한 상상을 같이 해주는 사람들이 있다는 발견 자체가 외롭게 덕질하던 나에게 큰 위안이 되었다.

처음에는 주로 애니메이션 캡처와 감상을 공유하는 수준이었지만 블로그 활동을 통해 점차 성우, OST, 원작 만화 등으로 관심이 확장되었다. 이 과정에서 '2차 창작'이라는 개념을 알게 되며 더욱 되돌아갈 수 없는 길을 떠나게 되었는데…. 이 시기에 '니코니코 동화'(일본의 동영상 공유 사이트)와 함께 당시 유행하던 보컬로이드 음악과 MAD 영상(애니메이션을 재편집한 영상)의 세계에 빠져들게 되었다.

이 뒤로 펼쳐질 이야기는 동년배 오타쿠들이라면 어렵지 않게 추측할 수 있을 내용들이다. 블로그와 카페, 몇 가지 오타쿠 커뮤니티와 니코동 그리고 트위터로 이어지는 거대한 흐름을 타고 비슷한 성향의 오타쿠들과 어울리며 그때그때 유행 장르를 열심히 덕질하면서 지금에 이르게 되었다. 이렇게 끝내면 일대기 운운한 인트로가 민망해지니 좀 더 상세하게 풀어볼까.

한참 보컬로이드와 애니 OST로 가득한 MP4와 함께

인생을 살아가던 나는 당시 유행하던 2~3세대 아이돌을 '머글, 갓반인의 문화' 정도로 생각하며 외면해왔다. 물론 그 와중에도 꼬박꼬박 음악방송을 챙겨보았고 친구들 대화에는 모두 참여 가능할 정도로 케이팝에 대해 알고 있긴 했지만 어쨌든 아이돌을 좋아하는 사람은 결코 아니었다. (원래 오타쿠는 덕질의 기준이 까다롭다. 나는 그때 '리스너'↵였다)

그러다 우연히 엠넷에서 나를 뒤흔드는 아이돌을 만나게 되었다. 바로 2PM. 정확하게는 그들이 나오는 프로그램인 〈와일드바니〉에 푹 빠졌고, 모든 에피소드를 전자사전에 다운로드해 매일매일 정주행했다. 과장이 아니라 매일매일 정주행하여 모든 자막과 대사를 달달 외울 정도로 보았다. 그래도 매일 재미있었다.

이전까지 '현실의 사람'이 아닌 2D 캐릭터만 좋아하던 내가, 처음으로 '실제 사람'에게 팬심을 느끼게 된 순간이었다. 처음에는 단순히 예능 프로그램 속 그들의 재미있는 모습에 빠져들었지만, 점차 그들의 음악과 무대 그리고 멤버 개개인의 매력에 완전히 사로잡혔다. 역

↵ 장르에 대한 깊은 이해를 바탕으로 진지하게 음악을 듣는 (흔히 힙합 장르에서 사용하는) '리스너'와는 다르다. 아이돌 팬덤은 아니지만 그냥 노래가 좋아서 '듣는' 사람으로서의 리스너다.

시 오타쿠라 그런지, 멤버의 캐릭터성이 확실한 그룹을 좋아하게 되는 것은 운명이었을지도.

2PM을 좋아하면서 나는 자연스럽게 '팬 활동'이라는 것도 경험하게 되었다. 이 과정에서 '팬덤'의 힘과 문화를 직접 경험하게 되었다. 한 사람의 팬이 아닌 수많은 팬이 모여 하나의 문화를 형성하는 모습은 내게 새로운 세계였다. 온라인 오타쿠 커뮤니티와는 또 다른 방식의 연대감과 소속감을 느꼈다. 그러던 어느 날…

혹시 오타쿠가 가장 불타오르는 순간이 언제인지 아는가. 바로 고난과 시련이 닥쳤을 때다. 모든 사랑이 그러하듯 행복은 오타쿠를 나태하게 만들고, 고난과 시련만이 이들을 진정으로 강인하게 만든다. 가장 사랑했던 멤버의 탈퇴와 함께 소녀의 두근두근 콩닥콩닥 덕질 일기는 지독하게 비극적인 사건으로 바뀌게 되었다.

2PM의 리더였던 나의 최애, 박재범의 갑작스러운 탈퇴 소식은 내게 큰 충격이었다. 이 사태는, 처음으로 내가 '팬'으로서 겪은 비극이었다. 지금이야 웃으면서 그땐 그랬지 할 수 있지만 당시의 나는 말 그대로 정신이 나간 상태였다. 나름 오타쿠 생활을 오래 해왔지만 내가 좋아하는 사람이 현실에 존재하는데 더 이상 함께

하는 것을 볼 수 없다니? 이게 무슨 소리인지? 막연히 모든 상황이 좋은 방향으로 흘러갈 거라 생각했던 나는 팬들이 서로 공유하는 희망적인 이야기와 회사 대표가 전하는 메시지를 1000% 믿으면서 그의 복귀를 기다렸다.

하지만 시간이 지나도 그는 돌아오지 않았고 점점 그가 돌아올 가능성이 희미해지는 것을 느끼면서 처음으로 진정한 배신감을 맛보았다. 내가 그토록 응원하고 사랑했던 사람이 내 마음 같지 않게 떠나버린 현실이 너무 고통스러웠다. 무엇보다 이유를 명확히 알 수 없다는 것이 더 큰 상처였다. 이 사건을 겪으면서 나는 처음으로 '아이돌 팬'이라는 위치의 한계를 체감했다.

동시에 중요한 교훈을 깨우쳤는데 바로 아이돌과 팬의 관계는 일방적일 수밖에 없다는 사실이었다. 내가 아무리 모든 영상을 보고 모든 인터뷰를 읽고 그들의 모든 것을 알고 있다고 착각하고 그 마음을 동력 삼아 사랑해도, 그들의 삶과 결정에 영향을 미칠 수 없다는 현실을 깨닫게 된 것이다. 처음으로 '팬심'이라는 감성의 한계를 경험한 순간이었다. (정확하게는 현실 인간의 팬이 된다는 것의 의미를 깨닫게 된 순간)

이 사건은 내 덕질 방식에도 변화를 가져왔다. 무조건적인 팬심보다는 적절한 거리두기와 객관성이 필요하다는 것을 배웠다. 이전의 덕질에서는 경험하지 못했던 종류의 감정이었다. 2D 캐릭터는 내가 원하는 대로 상상하고 해석할 수 있고, 이미 정해진 결말이 존재하니 아무도 나의 상상에 찬물을 끼얹을 수 없지만 실제 인간은 그렇지 않다는 단순하지만 중요한 사실을 깨닫게 되어 버린 것이다.

이 시기에 나는 일종의 '트라우마'를 경험했다. 다시는 아이돌에게 깊은 감정을 쏟지 않겠다고 다짐했고 한동안은 애니메이션과 게임 위주의 덕질로 돌아갔다. 그때 내게는 2D 캐릭터가 훨씬 더 안전하고 배신의 위험이 없는 대상으로 느껴졌다.

그 뒤로 다시는 아이돌 같은 거 좋아하지 못할 거라 생각했지만 세상은 참 자신이 생각한 대로 흘러가지 않는 법. 그 뒤로도 여러 아이돌을 좋아하면서 일명 '케이팝 르네상스'⤴ 시기 동안 행복한 케이팝 덕질 라이프를 즐겼다.

⤴ 2011년~2014년 다양한 아이돌이 다양한 장르와 콘셉트로 대중성과 작품성을 동시에 씹어 먹던 시절. 참고로 내가 그냥 정했음.

이 시기에 나는 '멀티 덕질'이라는 것을 처음 경험했

다. 예전에는 한 그룹에 모든 애정을 쏟았다면 이제는 동시에 여러 그룹을 좋아하고 심지어 다양한 장르를 한 번에 사랑하는 방법을 알게 된 것이다. 첫 덕질의 상처 때문에 감정을 분산시키는 방어기제가 작동했을 수 있다. 아니면 그저 케이팝 씬 자체가 너무 다채롭고 매력적이어서 그런 것이었을 수도.

지금부터는 서브컬처에 대한 이해가 있어야 하는데 만약 이 글을 읽고 있는 당신이 완전 머글이라면 그냥 '우와 신기하다' 하면서 읽어가도록 하자. 딱히 영화에 큰 관심이 없고 드라마는 한국 드라마만 열심히 보던 나에게, BBC 〈셜록〉 시리즈와 〈어벤져스〉라는 큰 사건이 닥쳐왔고 그렇게 나는 2.5D↱ 장르에 빠지게 되었다. 주로 디즈니에 인수되기 이전의 마블과 영국·미국 드라마와 할리우드 블록버스터 시리즈를 중심으로 한 2.5D 덕질을 통해 나는 처음으로 '트위터'라는 곳에 입성하게 되었다. 그렇게 인생이 서서히 망가졌고… 동시에 한도 없는 도파민을 제공받게 되었다.

2.5D 덕질의 매력은, 그것이 가진 다층적인 측면에 있었다. 캐릭터의 매력, 배우의

↱ 일명 쩔오디. 실제 배우가 연기하지만 원작이 만화나 게임인 경우, 또는 실사지만 판타지적 요소가 강한 작품을 일컫는다.

쑨디
@deeplovehalf

어제 친구들이랑 '다시 오지 않을 영광의 시대'에 대해서 이야기를 하다가 BBC셜록반지의제왕호빗스타트렉스타워즈메이즈러너레미제라블슈퍼내추럴엑스맨어벤져스등등을 동시에 달렸던 어떤 시절을 다시 오지 않을 영광의 시대로 정함 다시 생각해도 참 미친 시절이었네

오후 6:35 · 2023년 2월 27일 · 28.8만 조회수

연기력, 원작과의 비교, 팬덤의 창작물…. 이 모든 요소를 동시에 즐길 수 있다는 점이 나에게는 새롭고 흥미로웠다.

특히 마블 시네마틱 유니버스(MCU)는 내게 완전히 새로운 덕질 경험을 선사했다. 여러 영화가 하나의 세계관 안에서 유기적으로 연결되고, 캐릭터들이 서로 교차 출연하는 방식은 이전에는 볼 수 없었던 서사 구조였다. 마치 거대한 퍼즐을 하나씩 맞춰가는 듯한 재미가 있었다. 하루 종일 이 서사들에 대해서 읽고 분석하고, 그걸 또 이야기하고 다시 반복했던 기억이 아직도 생생하다. 그리고 내 인생에서 가장 영어를 잘했던 시기였다, 진심으로.

  2.5D 덕질은 자연스럽게 나를 트위터로 이끌었다. 트위터는 전 세계 팬들이 실시간으로 소통하는 공간이었고, 특히 해외 드라마와 영화 팬덤에게는 필수적인 플랫폼이었다. 무서운 점은 지금까지 언급된 애니메이션과 만화를 기반으로 한 덕질과 케이팝 덕질은 그대로 끌고 갔다는 점이다! 그사이에 2D계에서는 〈하이큐!〉의 열풍이 휩쓸었고 (당연히 덕질했음) 케이팝에서는 방탄소년단과 엑소 그리고 세븐틴의 '엑방셉' 세계관이 자리를 잡았고 〈프로듀스 101〉이 나의 사랑스러운 케이팝 세계관을 지배해가고 있었다. 그러다 어쩔 수 없이 다른 대륙의 문화적 이질감과 서양 것 특유의 재수 없음을 견디지 못하고 사랑하는 조국의 문화, 케이팝이 다시 내 본진이 되었다. 그리고 나는 … 쑨디가 되었다.

  이 모든 과정을 거치면서 나는 그냥 덕질만 한 것이 아니라 사람을 관찰하고 이들과 교류하면서 세상에는 참 다양한 사람들이 있다는 사실을 알게 되었다. 그렇게 내가 덕질한 다양한 장르의 문화는 내 시야를 넓혀주었다. 처음에는 그저 좋아하는 것을 더 깊이 즐기고 싶은 마음으로 시작했지만 돌이켜보면 덕질은 예상치 못한 선물을 많이 가져다주었다. 이렇게 책도 쓰게 되다니 참 잘된 일 아닌가.

 오랜 덕질 덕에 관찰력과 분석력도 향상되었다. 좋아하는 작품 속 숨겨진 의미를 찾거나 캐릭터의 심리와 행동 패턴을 분석하는 과정은 인지적 훈련이 아니었을까 싶다. 다양한 장르의 덕질 경험은 서로 다른 문화적 맥락에서 현상을 바라보는 다층적 시각을 길러주었다. 이런 능력은 대학에서 사회과학과 인문학을 공부할 때 큰 도움이 되었다. (내가 스무 살에 인문 교양수업 1짱을 먹을 수 있었던 이유)

 소통 능력 또한 크게 향상되었다. 팬덤 활동을 통해 다양한 배경과 성격의 사람을 만나고 이들과 교류하면서 나는 서로 다른 관점을 존중하고 효과적으로 의견을 나누는 법을 배웠다. 특히 온라인 커뮤니티에서의 활동은 디지털 시대의 소통 방식을 익히는 좋은 훈련이었다. 동시에 세상에는 설득시킬 수 없는 일도 아주 많으며 적당히 포기할 줄도 알아야 한다는 진리도 알게 되었다. 계속 좋은 점만 이야기하게 되는데 나쁜 것은 사실 별로 없다, 아직까지는.

 어쩌면 덕질이 내게 준 가장 큰 선물은 자기 정체성

과 가치관의 형성일지도 모른다. 청소년기와 청년기, 자아를 형성하는 중요한 시기에 덕질은 내가 무엇을 좋아하고 어떤 가치를 중요시하는지 탐색할 수 있는 안전한 공간을 제공해주었다. 좋아하는 작품의 메시지와 캐릭터의 성장 과정은 자연스럽게 내 가치관 형성에 영향을 미쳤다. 예를 들면 나는 사람을 대하는 자세나 마음가짐 같은 것을 모두 〈나루토〉에서 배웠다. 아, 나루토는 정말 인생이다. (인생이 왜 긴지 아는가? 바로 나루토를 보기 위함이다)

오타쿠로 살아온 긴 여정을 돌아보면 덕질의 대상과 방식은 계속해서 변했다. 애니메이션에서부터 시작해, 케이팝과 영국 드라마와 마블 영화 등 다양한 장르를 거쳐왔다. 그때마다 덕질의 깊이와 방식도 달라졌다. 처음에는 단순히 보고 듣는 수동적 소비에 가까웠다면 점차 더 적극적인 형태로 발전했다. 플랫폼도 변화했다. 플랫폼마다 독특한 팬 문화와 소통 방식이 있었기에 나는 그 변화에 적응하며 새로운 경험을 쌓았다.

하지만 무언가를 온전히 사랑하고 그것에 빠져드는 기쁨은 변함이 없었다. 새로운 작품을 발견했을 때의 설렘, 좋아하는 것에 관한 이야기를 나눌 때의 행복감,

더 깊이 알고 싶다는 호기심. 이런 감정들은 내 덕질의 핵심이자 원동력이 되어주었다.

사회가 변화하면서 '오타쿠'라는 정체성에 대한 인식도 많이 달라졌다. 과거에는 다소 부정적인 시선이 있었지만 이제는 팬덤 문화가 주류로 자리 잡으면서 그 인식도 많이 개선되었다. 특히 디지털 네이티브 세대에게 덕질은 자연스러운 문화 활동의 일부로 받아들여지고 있다.

내 오타쿠 정체성에 대한 나 자신의 태도 또한 변했다. 청소년기에는 종종 숨기거나 방어적이었던 적도 있었지만 이제는 자신 있게 이를 인정하고 심지어 자랑스럽게 생각한다. 덕질을 통해 얻은 모든 경험과 성장 그리고 만남은 내 삶을 풍요롭게 만든 소중한 자산이기 때문이다. 오타쿠로서의 여정은 결국 '나다움'을 찾아가는 과정이었다. 주류와 다른 취향을 가지고 때로는 깊이 빠져들고 열정적으로 좋아하는 것을 표현하는 방식. 그것이 바로 내 정체성의 중요한 부분임을 인정하게 되었다.

가끔 다른 덕질로 옮겨가는 과정이 종종 도망처럼 느껴지기도 했다. 이전의 팬덤에서 상처를 받거나 흥미

쏜디
@deeplovehalf

나다운게 뭔데

오후 3:32·2024년 8월 6일·1.1만 조회수

그러게나 말이다

를 잃었거나 또는 단순히 새로운 것에 끌려 옮겨가기도 했다. 그러나 그 과정은 결코 도피가 아니었다. 더 넓은 세계를 탐험하고 더 다양한 경험을 쌓아가는 여정이었다. 그리고 여행자가 각 목적지에서 자신만의 추억과 연결을 만들어가듯 나는 모든 덕질의 장소에서 나만의 낙원을 만들어갔다. 좋아하는 것, 소중한 기억, 의미 있는 관계. 이 모든 것이 모여 나의 정체성을 형성했고 내 삶을 풍요롭게 만들었다.

 이제 나는 안다. 진정한 낙원은 특정한 장소나 대상에 있는 것이 아니라 무언가를 온전히 사랑하고 그것과 연결되는 경험 속에 있다는 것을. 그리고 그 경험은 내가 만들어가는 것이라는 사실을.

> **'나다움'을 찾는
> '굳이굳이 파티'**

유튜브 추천 영상이나 넷플릭스 추천 콘텐츠를 보고 있으면 가끔 소름이 돋는다. 내 취향을 너무 잘 알고 있어서. 심지어 내가 뭘 좋아하는지 나보다 더 잘 아는 것 같은 기분마저 든다. 마냥 편리하고 좋다가도 왠지 모를 불편함이 느껴지는 이유다. 무서운 건 알고리즘이 내 취향을 학습하는 속도다. 예전에는 한참을 찾아 헤매야 했던 콘텐츠들이 이제는 알아서 눈앞에 나타난다. "이런 거 좋아하시죠?"라며 추천해주는 콘텐츠들은 웬만하면 다 취향 저격이다. 마치 오래된 단골집 사장님이 "오늘은 이거 드셔보세요" 하고 내미는 메뉴처럼. 아, 그럼 당연히 먹어줘야지. 그런데 이게 정말 내 취향일까? 아니면 알고리즘이 만들어준 취향일까?

알고리즘의 추천이 무서운 까닭은 선택의 순간을 빼앗기 때문이다. 예전에는 이것저것 찾아보다가 우연히 좋은 걸 발견하는 재미가 있었다. 취향이란 건 그렇게 만들어지는 거라고 생각했으니. 이건 별로고 저건 괜찮고, 이런 시행착오 끝에 '아, 이런 게 내 취향이구나' 깨닫는 순간이 중요했다.

하지만 지금은? 알고리즘이 먼저 판단하기 때문에 내 뇌를 쓸 일이 적어졌다. '이 사람은 이런 걸 좋아할 거야' 그리고 그 판단은 대부분 정확하다. 문제는 그 정확함이 마치 창살처럼 느껴질 때가 있다는 것이다. 알고리즘이 정해준 취향의 범위 안에 갇힌 것 같은 기분. 마치 무한하게 넓은 것 같지만 사실은 똑같은 공간만 맴도는 거울의 미로 같달까.

이런 상황에서 우리는 점점 스스로를 돌아보는 습관을 잃어간다. "내가 정말 이걸 좋아하는 걸까?" 의문을 품기보다는 알고리즘이 추천하는 대로 소비하고 흘러가는 데 익숙해진다. 이는 마치 자동 운전 모드로 설정한 차를 타고 가는 것과 같다. 편리하고 안전하지만 어느새 내가 가고 싶은 방향이 아닌 길로 들어선 것은 아닌지 확인할 필요가 있다. 이런 알고리즘의 영향이 콘텐츠 소비에만 미치는 것은 아니다. 우리가 입는 옷, 듣는 음악, 심지어 먹는 음식까지. 점점 더 많은 영역에서 알고리즘은 우리의 취향을 '가이드'한다.

데이팅 앱에서는 우리와 잘 맞을 사람을 추천하고, 패션 플랫폼에서는 우리 스타일에 맞는 옷을 제안한다. 음식 배달 앱은 우리가 좋아할 메뉴를 선별해 보여주고 뉴스 앱은 우리가 관심 있어 할 기사를 제공한다. 이러한 추천이 모여 어느새 우리 삶의 큰 부분을 차지하게 되었다. 문제는 우리의 과거 행동 패턴을 기반으로 추천된다는 점이다. 알고리즘은 과거의 나와 현재의 나 그리고 미래의 내가 같은 취향을 가질 거라고 가정한다. 하지만 인간은 끊임없이 변하고 성장하는 존재다. 어제의 내가 좋아한 것을 오늘의 내가 반드시 좋아할 거란 보장은 없다.

알고리즘의 추천은 정체성 형성 과정에도 영향을 미친다. 우리는 우리가 소비하는 것을 통해 자신을 표현하고 정의한다. 내가 읽는 책, 보는 영화, 듣는 음악, 입는 옷 등이 모여 '나'를 만든다. 그런데 이 모든 것이 알고리즘에 의해 필터링된다면? 어느 순간 알고리즘과 나

사이의 경계가 흐려질 수 있다.

알고리즘은 고립된 취향의 섬을 만들어낸다. (이런 현상을 '필터 버블' 또는 '에코 챔버'라고 부르는 듯하다) 나와 비슷한 생각과 취향을 가진 콘텐츠만 계속 소비하게 되면 우리의 세계관이 점점 좁아질 위험이 있다.

유튜브 쇼츠로 예를 들어보자. 내가 몇 가지 자극적인 드라마 클립을 넘기지 않고 보면 알고리즘은 계속해서 비슷한 드라마 클립 계정을 추천하기 시작한다. 그러다 보면 우주처럼 넓은 유튜브 세상 속에서 내가 혹시라도 관심 있어 할 다른 내용을 접할 기회가 줄어든다.

더 심각한 것은 뉴스나 정보 소비에서 이런 현상이 발생할 때다. 내 생각과 비슷한 의견, 내 신념을 강화하는 정보만 계속해서 접하게 되면, 다양한 관점을 이해하고 비판적 사고를 발달시키는 능력이 저하될 수 있다. 결국 우리는 서로 다른 정보를 소비하며 전혀 다른 현실 속에 살게 된다.

이런 상황에서 우리의 공감 능력과 창의성은 어떻게 될까. 다양한 경험과 시각이 부족한 환경에서는 타인의 상황을 이해하고 공감하는 능력이 약해질 수 있다. 또한 창의성은 서로 다른 아이디어들이 충돌하고 융합할 때 가장 잘 발현된다. 하지만 알고리즘이 만든 동질적인 환경에서는 이런 창의적 충돌이 일어날 기회가 줄어든다.

그렇다고 알고리즘을 나쁘다고만 할 수는 없다. 덕분에 시간도 아끼고 실패할 확률도 줄어들었으니까. 솔직히 요즘은 콘텐츠가 넘쳐나기 때문에 하나하나 살펴보면서 자신의 취향을 만들어가는 것이 사실상 불가능하기도 하다. 하지만 가끔은 이 완벽한 추천 시스템에서 벗어나고 싶어진다. 알고리즘이라면 절대 추천하지 않을 것을 보고 싶어진달까. 마치 매일 가던 식당 말고 전혀 새로운 곳을 가보고 싶은 것처럼.

실제로 가끔 이런 일이 생긴다. 알고리즘의 추천과 전혀 관계없이 우연히 발견한 것에 빠져드는 경험. 친구의 추천으로 본 뜬금없는 영화가 인생작이 된다거나 '관심 없음' 처리해두었던 계정이 사실 완전 노다지였다거나 하는 일들 말이다. 이때마다 알고리즘에게 "네가 뭘 알아?" 하고 소리지르고 싶어진다.

예측 불가능한 발견의 순간은 삶에 색다른 자극과 활력을 불어넣는다. 우연히 길에서 들은 버스킹 공연이 새로운 음악 장르에 대한 관심으로 이어질 수 있고, 친구가 무심코 건넨 책 한 권이 인생의 방향을 바꿀 수 있다. 이 우연한 만남은 알고리즘이 절대 예측할 수 없는 인간 경험의 특별한 가치다. 이런 발견은 자기 이해의 중요한 도구가 되기도 한다.

"아, 나는 이런 것도 좋아하는구나" 하는 깨달음은 자신에 대한 이해를 넓히고 깊게 만든다. 예상치 못한 상황에서 느끼는 감정과 반응은 자신에 대한 새로운 통찰을 제공한다. 어쩌면 진짜 취향이란 이런 우연과 시행착오 속에서 발견되는 게 아닐까. 알고리즘이 절대 예측하지 못할 그래서 더욱 특별한 순간들 그리고 그 순간을 통해 발견하는 진짜 나의 것.

여기서 중요한 것은 의식적인 선택이다. 알고리즘의 추천을 맹목적으로 따르는 것이 아니라 때로는 의도적으로 다른 길을 선택해보는 용기가 필요하다. 평소에 절대 듣지 않던 장르의 플레이리스트를 틀어본다거나 관심 없던 분야의 책을 집어 들어보는 것처럼 말이다.

이런 의식적 선택은 우리의 정신적 근육을 단련시킨다. (불확실성을 견디는 능력, 실패를 통해 배우는 능력 그리고 무엇이 옳고 그른 것인지 스스로 사고해서 결정하는 능력) 알고리즘에 모든 것을 맡기면 이런 능력은 점점 약해질 수밖에 없다. 무엇보다 이런 선택은 우리에게 주체성을 되찾게 해준다. '내가 선택했다'는 사실 자체가 주는 만족감과 책임감은 알고리즘이 대신해줄 수 없는 가치다. 내 취향, 내 선택, 내 삶의 방향을 스스로 정하는 경험은 인간으로서의 존엄과 자유를 느끼게 해준다.

우리는 이제 알고리즘과 함께 살아갈 수밖에 없다. 그리고 그게 나쁘지만은 않다. 하지만 가끔은 일부러 엉뚱한 선택을 해보는 것도 좋지 않을까. 이렇게 '굳이' 해보는 경험은 우리 삶과 세상을 풍요롭게 만든다. 처음에는 어색하고 불편할 수 있지만 그 과정에서 우리는 성장하고 확장된다. 새로운 관점을 얻고 다양한 가능성을 발견하며 예상치 못한 기쁨을 만나게 된다.

예를 들어, 평소 전혀 관심 없던 클래식 음악 공연에 굳이 가보는 경험은 어떨까. 처음에는 지루하고 어렵게 느껴질지 모르지만 음악이 전달하는 감정의 깊이와 역사적 맥락을 이해하게 되면서 새로운 감상의 세계가 열릴 수 있다. 혹은 전혀 모르는 나라의 요리를 만들어보는 경험은 어떨까. 익숙하지 않은 조리법과 씨름하며 실패도 하겠지만 그 과정에서 새로운 문화와 맛의 세계를 경험하게 될 테니.

쑨디
@deeplovehalf

트위터=24시간 굳이굳이 파티

오전 9:35 · 2025년 2월 16일 · 1.6만 조회수

굳이 해보는 경험들은 사회적으로도 의미가 있다. 다양한 경험을 통해 우리는 다른 문화, 다른 삶의 방식, 다른 가치관을 이해하게 된다. 이런 이해는 더 포용적인 사회를 만드는 기반이 된다. 나아가 이런 시도와 경험은 사회 전체의 창의성과 혁신을 촉진한다. 서로 다른 아이디어와 시각이 만나 충돌할 때, 새로운 가능성과 해결책이 발견될 수 있기 때문이다. 알고리즘이 만든 동질적인 세계에서는 결코 발견할 수 없는 창의적 조합과 융합이 가능해진다.

그런 우연한 선택들이 모여 진짜 나의 취향이 만들어진다. 알고리즘은 많은 사람들이 좋아하는 것 중에서 골라서 추천을 하지만 정작 나를 설레게 하는 건 아무도 추천하지 않은 것들 속에서 발견되는 특별한 순간이다.

취향이란 결국 자신을 표현하고 정의하는 방식이다. 그리고 단순히 '좋아하는 것'의 목록이 아니라 내가 세상과 관계 맺는 방식, 내가 가치를 두는 것들, 내가 추구하는 삶의 방향성이다. 그래서 취향을 찾는 과정은 곧 자신을 찾아가는 여정이기도 하다. 이 여정에서 중요한 것이 '진정성'이다. 다른 사람들이 좋다고 해서, 혹은 트렌드라고 해서 무작정 따라가는 것이 아니라 마음이 진심으로 반응하는 것을 찾아가는 과정이 필요하다. 이는 자신의 감정과 반응에 귀 기울이는 연습, 자신을 정직하게 들여다보는 용기를 요구한다.

또한 취향은 고정된 것이 아니라 계속해서 진화하고 성장한다. 새로운 경험과 만남, 지식을 통해 우리의 취향은 확장되고 깊어진다. 어제의 내가 싫어했던 것을 오늘의 내가 좋아하게 될 수도 있고 오랫동안 좋아했던 것에 싫증을 느낄 수도 있다. 이런 변화를 두려워하지 않고 받아들이는 것 또한 중요하다.

결국 중요한 건 내가 진심으로 좋아하는 게 무엇인지 아는 것이다. 그리고 그걸 자신 있게 말하는 것이 중요하다. 알고리즘의 추천이든 우연한 발견이든, 그 시작이 어떻든 상관없다. 지금 이 순간 내가 좋아하는 것 그게 바로 나의 취향이니까. 알고리즘의 편리함과 효율성을 누리면서도, 전적으로 의존하지 않는 균형을 찾아야 한다. 우리는 이제 알고리즘과 공존하는 법을 배워야 한다.

첫째, 알고리즘은 절대적이지 않다는 사실을 기억하자. 우리를 위한 도구이지 주인이 아니다. 추천받은 것들 중에서도 최종 선택은 우리가 한다는 주체성을 잊지 말아야 한다.

둘째, 의도적으로 다양성을 추구하자. 가끔은 전혀 다른 분야와 장르, 시각과 생각을 간접적으로 경험하는 시간을 가지자.

셋째, 사람과 사람 사이의 관계 속에서 진짜 가치를 발견하자. 기계가 파악할 수 없는 맥락과 정서적 연결이 담긴 대화와 생각의 교류 속에서 발견되는 가치는 그 어떤 것보다 소중하니까.

마지막으로, 가끔은 모든 추천을 내려놓고 우연에 맡겨보자. 서점에서 무작위로 책을 집어 들거나, 영화관에서 포스터만 보고 영화를 선택하거나 낯선 동네에서 지도 없이 걸어보는 경험은 예상치 못한 기쁨을 선사할 수 있다. (나는 가끔 가장 먼저 오는 버스를 타고 느낌 좋은 곳에서

무작정 내려보기도 한다. 그렇게 멋진 카페나 좋아하는 건물을 발견하기도 하고)

알고리즘의 시대에 진정한 자신을 찾아가는 여정은 어쩌면 더 어려워졌을지 모른다. 하지만 동시에 그 어느 때보다 중요해졌다. 무한한 정보와 선택지 속에서 내가 진정으로 원하는 것, 내게 의미 있는 것을 찾아가는 과정은 현대인의 필수 과제가 되었다.

이 여정에서 우리는 때로는 알고리즘을 따르고 때로는 그것에서 벗어나며 때로는 완전히 새로운 길을 개척하게 될 것이다. 중요한 것은 그 모든 선택이 궁극적으로 '나'라는 사람을 더 풍요롭고 진실되게 만드는 방향으로 이루어져야 한다는 점이다. 알고리즘의 편리함에 안주하지 말고 끊임없이 새로운 창을 열어보는 용기를 가져보자. 그 너머에는 더 넓은 세상과 아직 발견하지 못한 나 자신이 기다리고 있을 테니까!

결국 알고리즘이 추천하는 작은 울타리를 벗어나 더 넓은 가능성의 바다로 나아갈 때, 우리는 진정한 자유와 기쁨을 경험하게 될 것이다. 그리고 그 여정 속에서 우리는 끊임없이 변하고 성장하는 자신을 만나게 된다. 그것이야말로 모든 취향과 선택의 궁극적인 목적이 아닐까.

> **속 편하게
> 소셜미디어 하는 법**

복잡한 세상 편하게 살자. 일명 '복세편살'로 불리는 인터넷 명언이다. 이 문장을 볼 때마다 나는 두 가지 생각에 사로잡힌다. 첫째는 "맞아맞아" 하는 생각이고 둘째는 "장난하나?" 하는 마음. 특히 해가 갈수록 후자의 마음이 커진다. 그게 되겠습니까?

소셜미디어는 우리 삶에 꼭 필요하다. 정보를 얻거나 여가 시간을 즐기거나 욕망을 충족시키고 새로운 욕망을 탄생시키는 장소이기도 하다. 한편 소셜미디어에는 모두가 아는 문제점이 있다.

일단 다양한 사람이 모이다 보니 별별 사람이 다 있다. 글을 전혀 읽을 생각도 없는 사람은 물론, 오해하고 자기 멋대로 해석하고 화내고 원작자의 의도 따위 알 바 아니라고 하는 사람이 널린 것이 바로 소셜미디어다. 그리고 아마 이런 부분에 대해서는 많은 사람이 이미 공감하고 있을 거다. 아래와 같은 이미지가 이미 유명하게 퍼져있는 만큼.

이 이미지만큼 소셜미디어를 잘 표현한 이미지가 또 있을까

이런 것도 나름 소셜미디어의 매력이라고 생각한다. 나처럼 훈수 들기를 좋아하는 (하지만 절대 생각을 바꾸진 않는) 타입의 사람에겐 이만한 자극제도 없으니까. 하지만 이건 어디까지나 내가 원하는 수준, 내가 컨트롤할 수 있는 수준까지의 이야기다. 이런 패턴의 반복이 일정 수준 이상이 되면 누구나 지치기 마련이다.

이때 가장 빠르고 확실하고 완벽한 해결 방법은 바로 소셜미디어 끊기다. 하지만 세상에는 그것이 불가능한 사람도 있다. 굉장히 다채롭고 종합적인 이유로 누군가는 소셜미디어를 계속하고 싶어 한다. 나 같은 경우에는 이렇게 손쉽게 다양한 사람의 의견을 들을 수 있는 방법이 거의 없기에 소셜미디어를 멈출 수가 없다.

그리고 현실 세계와 마찬가지로 소셜미디어에도 좋은 사람이 거의 대부분이다. (아닐 수도 있지만) 똥 냄새를 피하기 위해서 화장실을 참는 것은 자신의 내면을 썩히는 결과를 초래한다. 적어도 내가 스스로의 의지로 떠나기로 마음먹기 전까지는 여기 엉덩이를 딱 붙이고 살고 싶은데 이걸 어쩌지?

그래서 '속 편하게 소셜미디어 하는 방법'은 과연 무엇일까. 소셜미디어 가운데 가장 진입 장벽이 높고 이상한 인간이 넘쳐나 어지간한 담력으로는 시작조차 할 수 없다는 바로 '그 소셜미디어(트위터)'를 10년간 해온 경력을 살려 열심히 끄적여보겠다. 속 편하게 소셜미디어 하는 세 가지 방법은 다음과 같다.

첫째, 저 녀석도 사람이라는 사실을 잊지 않기. 가장 중요하며 가장 확실하게 내 속을 편안하게 해준 방법이다. 나의 기분을 망친 저 녀석 또한 사람이라는 사실을 떠올리는 것이다. 해리포터에 나오는 '온갖 맛이 나는 젤리'를 상상해보자. 우리는 이것이 젤리임을 알기 때문에 구토맛, 귀지맛, 잔디맛이 날 가능성이 있음에도 불구하고 입에 댈 수 있다. (심지어 나는 귀지맛 젤리를 먹고도 그냥 좀 짭짜름한 베이컨 맛인지 알고 그냥 먹었다) 하지만 만약에… 약 10%의 확률로 젤리가 아니라 진짜 구토, 귀지, 잔디가 들어 있다고 생각해보자. 당신은 이 젤리를 입에 가져다 댈 수 있나? 일단 나는 아니다. 열받는 맛이지만 어쨌든 '젤리'이기 때문에 용서가 가능한 것이다.

이걸 소셜미디어에 적용해볼까. 요즘 AI를 활용해서 계정을 굴리는 사람들도 있긴 하지만 현재 소셜미디어 사용자의 다수는, 의견을 가지고 생각하고 스스로 결정하는 어떤 인간이다. 인간의 재미있는 특성은 굉장히 모순되다는 점이다. 나는 환경 파괴를 막기 위해 지금 이 순간부터 인간이 많은 것을 포기해야 한다고 생각하지만 동시에 매일 소셜미디어를 하고 데이터를 활용해 이런 글을 쓰고 있다. 누군가는 이 행동을 모순된 행동이라 할 것이다.

내 기분을 안 좋게 만든 저 녀석도 마찬가지다. 나와 의견이 다르고 기분을 상하게 했고, 내가 신뢰하는 무언가를 비난하고 나의 영혼을 상하게 했지만 같은 것을 좋아할 수도 있고, 의외로 가장 좋아하는 노래가 같을 수도 있다. 나랑 같은 신발을 신고 있거나 하겐다즈 최애 맛이 같을 수 있고 학교에서 만났다면 양질의 대화를 한두 번 나눴을 수도 있다. 상상력을 필요로 하지만 (나는 이걸 'N적 완화'↲라고 부르기도 한다) 이런 방식으로 생각을 뻗어나가다 보면 어느새 분노가 사그라드는 경험을 하게 될 것이다.

둘째, **빠른 태세 전환**으로 뇌를 속이기. 시간이 별로 없을 때 활용하면 좋은 방법이다. 뇌는 생각보다 멍청해서 속이기 쉽다는 것, 다들 알고 있을 것이다. (내가 뭐 뇌

↲ MBTI의 세 번째 지표인, 현실적인 S와 상상력이 뛰어난 N의 차이에서 비롯한 말. MBTI의 인기가 급속도로 식어가는 듯해 노파심으로 설명을 추가한다.

과학자는 아니지만 전문가들도 그렇다고 하니 일단 믿어보자) **짜증과 분노로 가득한 나의 뇌를 발샴푸로 씻어내듯 빠르게 닦아보자.**

혹시 이이제이(以夷制夷)라는 말을 알고 있나. 적은 적으로 몰아낸다는 뜻의 이 사자성어는 이 방법과 아주 잘 어울리는 표현이다. 평소에는 벗어나야 할 녀석이지만 뇌를 혼란스럽게 만들기 딱 좋은 콘텐츠가 있다. 바로 유튜브 쇼츠다. 열받는 인용이나 반응을 보는 순간, 바로 유튜브를 켜서 생각 없이 보기 좋은 쇼츠를 틀어보자. 여기서 포인트는, 괜히 머리를 쓰게 하거나 여러 감정을 느끼게 하는 콘텐츠는 되도록 피해야 한다는 거다. 다시 소셜미디어로 돌아가 그 녀석이 남긴 반응을 보고 나면 잊었던 감정이 떠오를 수 있으니 가능하면 답글 숨기기를 미리 해두거나 블락하는 걸 추천한다. 블락 기능은 '쫄아서' 하는 게 아니라는 사실을 늘 기억하자.

셋째, **나만의 취향 알고리즘 왕국** 만들기. 이는 단순히 편안함을 추구하는 것을 넘어 나만의 디지털 영토를 지혜롭게 경영하는 방식이다. (나는 '취향 심시티'라는 말로 부르기도 한다) 취향 알고리즘 왕국이란, 소셜미디어에서 나와 비슷한 취향과 가치관, 생각을 가진 사람으로 구성된 나만의 가상 커뮤니티를 말한다. 나만의 작은 왕국을 만들어 그 안에서 편하게 머무는 것과 같다. 알고리즘이 내가 좋아하고 공감하는 콘텐츠와 사람을 계속해서 추천해주기에 이 왕국의 영역은 점점 더 좁고 단단해진다.

이 왕국을 만드는 방법은 간단하다. 내게 공감해주는 사람, 비슷한 문화를 좋아하는 사람, 같은 취미를 가진 사람으로 소셜미디어 세계를 채워나가면 된다. 정치 성향, 문화적 취향, 좋아하는 음악, 즐기는 취미까지 모든 면에서 비슷한 사람들로 나의 타임라인이 채워진 나만의 도피처(부계정)를 만드는 것이다.

처음에는 이 왕국이 주는 위안이 정말 크다. 마치 오

쑨디
@deeplovehalf

덕분에 느낌좋은 트친들 다 비계로 도망가고 계속 공계에는 씨발새끼들만 남음

오전 11:09 · 2024년 3월 17일 · 31만 조회수

랫동안 혼자라고 느꼈던 사람이 자신과 비슷한 사람을 만난 듯 편안하고 반갑다. 나의 의견에 '좋아요'를 눌러주고 댓글로 공감해주는 사람들. 그들과 소통하면서 내 생각이 타당하다는 확신을 얻게 된다. 하지만 주의해야 할 점이 있다. 이 왕국에 완전히 빠져들면 위험하다. 점점 더 좁아지는 시야, 점점 더 단단해지는 고정관념. 다름을 인정하지 않고 오직 같음만을 추구하다 보면 어느새 내가 만든 작은 에코 챔버에 갇히고 만다. 그래서 이 왕국을 만들 때는 몇 가지 중요한 원칙을 지켜야 한다.

첫째, 왕국의 문을 절대 완전히 닫아두지 않는다. 가끔은 의도적으로 불편한 의견, 다른 생각을 가진 사람의 콘텐츠도 구독해야 한다. 그들의 이야기를 듣고 이해하려 노력하는 것. 이것이 진정한 소통의 시작이다.

둘째, 왕국의 크기를 적당히 유지한다. 너무 작고 폐쇄적이지 않도록 주의한다. 다양성을 존중하고 새로운 관점에 열려 있는 왕국이어야 한다.

셋째, 왕국의 주인은 언제나 '나'라는 사실을 잊지 않는다. 알고리즘에 완전히 휩쓸리지 않고 비판적 사고를 잃지 않는다.

취향 알고리즘 왕국은 마치 양날의 검과 같다. 잘 다루면 안정감을 주지만 잘못 다루면 오히려 세상을 좁게 만드는 위험한 도구가 된다. 중요한 건 균형이다. 나와 비슷한 사람들의 공간에서 편안함을 느끼되 동시에 다름을 두려워하지 않는 마음의 여유를 잃지 않는 것. 결국 소셜미디어는 세상과 소통하는 창구다. 그 창구를 너무 좁게 만들지 말아야 한다. 때로는 불편하고 도전적인 의견에 귀 기울이는 용기, 그것이 진정한 성장의 시작이다.

소셜미디어에는 글자 수 제한이 있다 보니 이 제한 안에서 자신의 생각을 담게 되고 그러다 보면 오해가 잦을 수밖에 없다. (트위터가 특히 그런 듯) 나도 누군가의 트윗을 오해하기도 하고 오해받기도 하면서 살고 있다. 세상 사람 모두가 짧은 글 안에 자신의 생각을 모두 담을 수 있는 초능력을 가지고 있는건 아니니까.

하지만 나는 이런 불편함은 대화로 해결할 수 있다고 생각한다. 글자 수가 짧아서 생긴 문제이니 이를 질문과 답장을 통해 해결하는 것이 좋다고 생각한다. 물론 100% 시비를 걸기 위한 도발에 반응할 필요는 없다고 생각하지만.

쑨디
@deeplovehalf

오해를 푸는 과정이 너무 귀찮고 뭔가 짜친다고 생각해서 모든 오해를 그냥 덮어두고 살았더니 눈덩이처럼 불어서 나를 힘들게함 내년에는 그러지 말아야지

오후 10:48 · 2024년 12월 30일 · 73.1만 조회수

그런 의미에서 세워본 올해의 목표

    내가 해결책으로 제시한 내용들은 내가 쌓아온 인간에 대한 신뢰와 성찰이 담긴 만큼, 누군가에게는 '엥? 대가리 꽃밭이네' 같은 평가를 듣게 될지도 모르겠다. 하지만 서로를 이해해보려는 작은 노력과 약간의 대화가 있다면 방대한 인터넷 세상 속에서 적어도 여러분이 머물 작은 공간에만큼은 평화가 찾아올 수 있지 않을까. 물론 아닐 수도 있다. 확신을 못 드려서 미안하다. 나도 온전한 평화를 얻진 못했으니까. 그래도 이런 생각을 나누고 공유하는 건 의미 있을 거라 믿는다.

완벽한 AI보다는 구린 진짜가 좋아

우리는 지금 완벽한 가짜들로 가득한 세상에 살고 있다. AI가 그려내는 그림은 이제 인간의 손길로는 도저히 따라갈 수 없을 만큼 정교하고 자연스럽다. 생성형 AI가 만들어내는 글은 문법적으로 완벽하고 논리적으로 빈틈없다. 심지어 AI가 만든 음악은 히트곡의 공식을 정확하게 반영해 대중의 취향을 저격한다.

하지만 묘하게도 이 완벽함 앞에서 우리는 불편함을 느낀다. 너무나 완벽해서 오히려 인간미가 느껴지지 않는다고나 할까. 마치 먼 우주에서 온 미지의 존재를 마주하는 것처럼 이질감이 느껴진다. 이 감정을 단순히 새로운 기술에 대한 거부감이라고 치부할 수 있을까.

여기서 우리는 '불쾌한 골짜기(Uncanny Valley)'를 떠올려볼 수 있다. 로봇이 인간과 비슷해질수록 친근감이 증가하다가 어느 순간 극도의 불편함을 느끼게 된다는 이론. AI가 만들어내는 완벽한 결과물들 앞에서 우리가 느끼는 감정도 이와 비슷하다. 너무 완벽해서 오히려 불편한 것이다.

이런 불편함은 단순한 감정적 거부반응이 아니다. 이는 어쩌면 우리 안에 있는 '진심 레이더'가 보내는 경고 신호일지 모른다. 인간의 진심이 만들어내는 결과물에는 어딘가 구린 구석이 있게 마련이다. 실수도 있고 때로는 오글거리는 순간도 있다. 하지만 그 불완전함 속에 진짜 인간의 마음이 담겨 있다.

AI가 만들어내는 완벽한 결과물에는 바로 이런 진

쑨디
@deeplovehalf

한 때는 가짜여도 좋은게 좋은거라 생각했는데 이제는 아냐 나는 뭐든 진짜가 좋아

오후 10:46・2024년 10월 2일・4.2만 조회수

심의 흔적이 없다. 문법적으로는 완벽하지만 감동이 없고, 기술적으로는 뛰어나지만 따뜻함이 부족하다. 마치 영양은 완벽하지만 맛은 없는 식사 대용품 같달까. 우리가 느끼는 불편함은 바로 이런 진심의 부재에서 오는 것이다.

단순히 AI와 인간의 대립 구도로 볼 문제가 아니다. 오히려 우리에게 던져지는 질문은 이것이다. 우리는 진정 무엇을 원하는가. 완벽하지만 차가운 결과물인가, 아니면 불완전하지만 따뜻한 진심일까. 어쩌면 이 불안한 감정의 이면에는 더 근본적인 질문이 숨어있는지 모른다. 우리는 왜 이토록 '완벽함'을 추구하게 되었을까. 실수도, 결점도 없는 완벽한 결과물만을 원하게 된 것은 언제부터일까.

현대사회는 끊임없이 우리에게 완벽함을 요구한다. 소셜미디어에 올리는 사진 한 장에도 필터가 필요하고 글 한 편을 쓰더라도 맞춤법이나 문법적 오류가 있어서는 안 된다. 회사에서는 실수가 용납되지 않고 학교에서는 만점만이 인정받는다. 우리는 어느새 '완벽함'이라는 강박에 사로잡혀 있지 않은가. AI는 이런 우리의 강박을 완벽하게 구현해낸 결과물인지 모른다. 실수 없이 완벽한 문장을, 흠잡을 데 없는 그림을, 논리적 오류가 전혀 없는 분석을 만들어내는 AI. 우리가 그토록 갈망하던 완벽함의 구현이다.

문제는 이런 완벽함의 추구가 우리에게서 시도할 용기를 빼앗아간다는 점이다. 누구나 처음부터 완벽할 수는 없다. 시행착오를 거치고 때로는 창피를 당하면서 우리는 성장한다. 하지만 완벽함만을 요구하는 사회에서는 이런 과정 자체가 용납되지 않는다. 모든 것이 처음부터 완벽해야 하고 그러지 못한다면 시도조차 말아

 쑨디
@deeplovehalf

그치만 첨부터 잘하고 시포요
어색하고 못하는 모습을 보여주기 시로요오

· 2024년 10월 2일
처음의 못남을 견뎌야 됨
처음부터 잘하려고 하면 영원히 못함
나중에 봐도 부끄럽지 않는걸 만들겠다고 마음먹으면 진도 하나도 안 나가..그냥 존나못하는나를견디기..

오후 4:05 · 2024년 10월 4일 · 88.2만 조회수

야 한다는 압박이 존재한다.

이런 맥락에서 AI가 만들어내는 완벽한 결과물은 우리에게 일종의 강박을 심어준다. '이 정도는 되어야 한다'는 기준을. 하지만 그 기준은 진정 우리를 위한 것일까 아니면 우리를 옥죄는 또 하나의 족쇄일까. 완벽함이 주는 피로감 때문인지, 역설적이게도 우리는 점점 더 '완벽하지 않은 것들'에서 위안을 찾기 시작했다. 투박하지만 정직한 손맛이 담긴 음식, 화려하지는 않지만 진심이 느껴지는 손 편지, 서툴지만 열정이 가득한 초보자의 작품들. 이런 것들이 주는 특별한 감동이 있다. 왜일까? 그것은 바로 그 '불완전함' 속에 인간의 진심이 담겨 있기 때문일 것이다.

우리의 일상은 원래 이런 불완전함으로 가득하다. 아침에 일어나자마자 완벽한 모습을 갖출 수 있는 사람은 없다. 실수 없이 하루를 보낼 수 있는 사람도 없다. 때로는 실수를 하고 창피를 당하면서 우리는 살아간다. 그런 순간들이 모여 우리의 인생이 된다. 완벽한 가짜가 주는 불편함은 진실을 우리에게 상기시키는 것인지 모른다. 우리는 완벽하지 않기 때문에 더욱 인간적이고 실수하기 때문에 더욱 사랑스럽다는 진실. AI가 아무리 완벽한 결과물을 만들어내도 결코 따라할 수 없는 것, 그것은 인간만의 '구린 매력'이다.

 '구리다'라는 말은 대체로 부정적인 의미로 사용된다. 촌스럽고 어딘가 부족한 것을 지칭할 때 쓰는 말이다. 과연 '구린 것'은 나쁜 것일까. 오히려 그 '구림' 속에 특별한 가치가 숨어있는 건 아닐까. 실수와 불완전함이 만드는 인간미 사이에서 우리는 '오글거림'에 대해 생각해볼 필요가 있다. 사실 우리 인생의 가장 중요한 순간들은 대부분 오글거린다. 첫사랑에게 쓴 서툰 고백 편지, 졸업식 날 친구들과 나눈 약속, 소중한 사람에게 전하는 진심 어린 말…. 이런 순간들은 지나고 보면 부끄럽고 오글거리지만 동시에 개인의 인생에서 가장 빛나

쑨디
@deeplovehalf

3년안에 다시 오글거림이 문화가 되는 세상이 오지 않으면 내가 먼저 이 세상을 뜰것이다

오후 12:55 · 2021년 5월 2일

세상을 뜰 때가 되었다

는 순간이기도 하다.

'짜치지만 진짜인 것'의 매력은 바로 여기에 있다. 사실 인간이 진정으로 사랑하는 것들은 대부분 어딘가 구리다. 나의 영혼을 채워주는 것들을 객관적으로 보면 분명 부족하고 완벽하지 않다. 하지만 그 속에 담긴 진심과 노력이 마음을 움직인다. 사람들이 완벽함이라는 환상에 빠져 '진짜'를 모욕한다는 사실은 언제나 나를 슬프게 한다. 특히 내가 너무나 사랑하는 케이팝에서 이런 현상이 두드러진다. 대중은 흐트러짐 없이 완벽한 라이브와 완벽한 호흡, 마치 이데아 같이 완벽한 무대를 갈망한다. 하지만 이는 그저 평가하고 싶은 욕망이 만들어낸 환상에 불과하다.

사실 내 기억 속에 오래오래 남는 무대는 그런 것이 아니다. 진정 잊히지 않는 무대는 이 노래와 안무, 퍼포먼스를 정확하게 이해하고 스스로 해석한 사람이 만들어내는, 무엇을 보여주고 싶은지가 잘 보이는 무대였다. 단순히 무대의 완성도 문제가 아니다. 우리가 진정으로 원하는 것은 완벽함이 아닐 수 있다. 자신이 해석과 감정을 담아내려 노력하는 진정성, 흐트러지더라도 자신의 색깔을 보여주려는 용기일지 모른다. 이런 순간들이야말로 무대를 진정한 '예술'로 만드는 요소다.

어쩌면 우리는 너무 오랫동안 '완벽한 무대'라는 환상에 사로잡혀 있었는지도 모른다. 무대가 가진 진정한 매력, 즉 살아있는 예술로서의 생동감을 잊어버리고 있었던 것은 아닐까. 진정한 감동은 완벽함이 아닌, 진심에서 비롯된다는 것을 우리는 다시 기억할 필요가 있다. 그렇다고 '구림'의 진정한 가치는 미완성이나 부족함에 있다는 말은 아니다. 오히려 완벽해지기 위해 노력하는 과정의 흔적이자 진심을 담아내는 방식이기 때문에 의미가 있는 것이다. 핸드메이드 특유의 균열이 그 작품의 가치를 더해주듯 구린 것의 불완전함은 특별한 매력이 된다. 완벽한 것은 우리를 압도하고 위축시키지만 구린 것은 우리에게 용기를 준다. 나도 할 수 있을 것 같다는 생각을. 완벽하지 않아도 된다는 것, 실수해도 괜찮다는 것, 그래도 가치 있다는 것. 구린 것은 우리에게 새로운 것을 시도할 수 있는 용기를 준다.

사실 인생의 대부분은 구리다. 인간은 어설프고 창피한 순간을 더 많이 겪으며 살아간다. 하지만 그 순간들이 모여 우리의 이야기가 되고, 그 이야기 속에서 우리는 성장한다. 그래서 구린 것은 더욱 소중하다. 그것이 우리의 진짜 모습이고 우리가 살아가는 진짜 이야기니까. 이제 우리는 '구림'을 다시 정의해야 한다. 그것은 부족함이 아닌 가능성이고 실패가 아닌 도전의 흔적이며 부끄러움이 아닌 진심의 표현이다. 완벽한 가짜보다 구린 진짜가 더 값진 이유가 여기에 있다.

완벽했던 것들은 시간이 지나면 어떻게 될까. 한때 최첨단이었던 CG 영화들을 다시 보면 어딘가 어색하다. 당시에는 혁신적이었던 기술들이 시간이 지나면서 구식이 되어버린다. 완벽한 가짜는 시간 앞에서 그 완벽함을 잃어버린다. 진짜는 다르다. 손으로 그린 디즈니의 옛 애니메이션은 여전히 아름답다. 투박한 그래픽의 고전 게임은 '레트로'라는 이름으로 새로운 가치를 인정받는다. 세월이 흘러도 변치 않는, 아니 오히려 시간이 흐를수록 빛나는 것들이 있다. 아래는 내가 정말 좋아하는 영화 〈더 폴〉의 감독 타셈 싱의 인터뷰 내용이다.

"CG가 아무리 대단하고 스펙터클하다고 한들 결국 낡고 시대에 뒤처져 보이게 된다. 더 시간이 지나서는 레트로하고 쿨해 보일 수도 있지만 결국 **낡는다**. 진짜로 만든 것들은 절대 낡거나 뒤처지지 않는다. 영원히 남을 이야기라면 나는 그 어떤 가짜도 사용하지 않겠다."

흥미로운 점은 시간이 지날수록 우리가 그것의 '구린' 부분에서 오히려 매력을 발견한다는 점이다. 옛날 영화의 어설픈 특수효과, 고전 게임의 투박한 픽셀들, 아날로그 사진의 거친 입자들…. 이런 것들은 기술적 한계가 아닌 그 시대만의 특별한 미학으로 재해석된다.

왜 이런 현상이 일어날까. '구린 것들' 속에 인간의 진심 어린 노력이 담겨있기 때문이다. 제한된 기술을 사용해 최선을 다해 자신의 이야기를 전하려 했던 창작자들의 진심, 그리고 그것을 이해하고 받아들였던 관객들의 상상력이 만나 만들어낸 특별한 가치. 이런 것들은 시간이 흘러도 변하지 않는다.

지금 AI가 만들어내는 완벽한 결과물의 미래를 어렴풋이 짐작할 수 있다. 놀랍도록 정교해 보이는 이 결과물들도 시간이 지나면 구식이 될 것이다. 하지만 더 중요한 것은 이 완벽한 결과물이 누군가의 '추억'이 될 수 있느냐는 점이다. 우리는 어설픈 옛날 게임을 하면서 느꼈던 설렘을, 화질 나쁜 비디오테이프로 보았던 영화의 감동을, 사각거리는 카세트테이프로 들었던 음악의 따뜻함을 기억한다. 그 불완전함 속에서 우리는 특별한 기억과 감정을 만들어냈다.

AI가 만든 완벽한 그림이나 글에서 이런 추억이 만들어질 수 있을까. 아무리 정교하고 완벽해도, 그것은 결국 진심이 빠진 결과물에 불과하다. 시간이 지나면 더 새롭고 더 완벽한 것들이 나올 테고 오늘의 완벽함은 쉽게 잊힐 것이다. 진정으로 시대를 초월하는 것은 완벽함이 아닌 진심이다. 기술적으로는 부족할지 모르지만 인간의 진심과 노력이 담긴 작품들은 시간이 흘러도 그 가치를 잃지 않는다. 오히려 시간이 흐를수록 특별한 의미를 가지게 된다.

옛것을 '구리다'고 하지 않고 '빈티지하다'고 느끼는 이유도 여기에 있다. 단순히 오래되었기 때문이 아니라 그 속에 담긴 진심이 시간을 견뎌냈기 때문이다. 시간은 가짜를 드러내고 진짜를 빛나게 만든다. 우리는 선택의 기로에 서있다. 완벽한 가짜와 불완전한 진짜 사이에서 우리는 무엇을 선택할 것인가. 어쩌면 이것은 우리 시대의 가장 중요한 질문일지 모른다.

이때 '진짜'를 지키는 것이 단순히 과거로의 회귀를 의미하지는 않는다는 점을 짚고 넘어가야 한다. 이는 발전을 거부하자는 것이 아니다. 오히려 그 반대다. 진정한 발전이란 무엇일까. 더 완벽한 가짜를 만들어내는 것일까, 아니면 더 진실된 표현을 가능하게 하는 것일까.

우리가 지켜내야 할 것은 바로 구리더라도 시도할 수 있는 용기다. 완벽하지 않아도 된다는 것, 실수해도 괜찮다는 것, 어설프더라도 진심이 통한다는 것. 이런 믿음이 있어야 우리는 계속해서 새로운 시도를 할 수 있다. 완벽한 가짜들이 만연한 시대일수록 이런 용기는 더욱 소중하다.

구리지만 따뜻한, 어설프지만 진실된, 불완전하지만 진심이 담긴 것들. 그것이야말로 우리가 진정으로 지켜내야 할 가치다. 왜냐하면 그것이 바로 인간다움의 증거이기 때문이다. 완벽한 가짜가 줄 수 없는, 오직 불완전한 인간만이 만들어낼 수 있는 특별한 가치.

앞으로 더 완벽한 가짜들이 계속해서 등장할 것이

쑨디
@deeplovehalf

구려도 진짜로 하는게 좋다 원래 세상에 완벽한건 없어 완벽한건 반드시 재미가 없음 원래 그래

오전 10:20 · 2025년 2월 18일 · 12.1만 조회수

고, 그것들은 점점 더 진짜와 구분하기 어려워질 것이다. 하지만 그럴수록 우리는 더욱 선명하게 깨닫게 될 것이다. 진정으로 우리의 마음을 움직이는 것은 완벽한 가짜가 아닌 구리지만 진심이 담긴 진짜라는 것을.

그래서 나는 감히 말하고 싶다. 구린 게 어때서? 완벽하지 않은 게 어때서? 세상은 원래 오글거리고 구린 것 투성이다. 다들 안 그런 척하고 싶어서 그런 거지. 완벽에 대한 환상을 버리고 다들 마음껏 진실되게 구린 인생을 살자. 내 인생은 돈 받고 파는 게 아니니까 좀 구려도 된다.

PART 4

트위터 밖의 인간 '쑨디'

사람은 무엇으로 사는가

?

사람은 미래에 대한 기대로 살아갈까, 아니면 과거에 대한 추억으로 살아갈까. 이런 질문을 던져보면 사람들은 "글쎄, 둘 다 아닐까?"라고 쉽게 답하지만 조금만 더 깊이 생각해보면 어느 한쪽에 더 무게중심이 있다는 걸 알 수 있다. 나는 단연코 미래에 대한 기대로 사는 사람이다.

'미래에 대한 기대'란 뭘까. 이는 단순히 앞으로 일어날 일을 상상하는 것이 아닌 아직 오지 않은 시간 속에서 내가 만들어갈 가능성에 대한 설렘이다. 내가 될 수 있는 사람, 내가 만날 수 있는 사람, 내가 경험할 수 있는 순간에 대한 호기심과 열망이 담긴 감정이랄까. 막

연한 행복감이 아니라 구체적인 상상과 그에 따른 감정적 반응이 함께 있는 상태를 의미한다.

반면 '과거에 대한 추억'은 지나간 순간에 대한 그리움이자 의미 부여다. 좋았던 시간을 회상하며 현재의 공허함을 채우려는 시도일 수 있고, 과거의 교훈을 통해 현재를 해석하려는 시도일 수도 있다. 과거에 집중하는 사람들은 쉽게 "그때가 좋았지" 하고 말한다. 이들에게 과거는 정체성의 핵심이며 현재를 판단하는 기준이 된다. 마치 오래된 앨범을 넘기며 그 속에서 자신의 진짜 모습을 찾으려는 것처럼. 시간에 대한 지향성은 단순히 개인적 성향의 문제가 아니다. 이는 우리가 세상을 어떻게 이해하고 어떤 가치를 중요시하는지, 궁극적으로 어떤 삶을 살아가고 싶은지와 깊이 연결되어 있다.

그렇다면 시간 속에서 우리의 위치는 어디인가. 우리는 과거의 기억과 미래의 기대 사이에 있는 존재다. 누군가 말했듯 '이미 존재하면서 동시에 아직 존재하지 않는' 역설적 상태에 있다. 이런 관점에서 보면 '현재'란 시간의 한 점이 아니라 과거와 미래가 교차하는 지점이다. 여기서 중요한 점은 '미래'가 뭔지를 명확히 하는 거다. 나에게 미래는 아주 멀리 있는, 손에 잡히지 않는 그런 게 아니다. 지금 내 곁에 있는 사람들과 함께 만들어가는 수많은 '지금'의 연장선이다. 미래라는 건 결국 지금이라는 순간들이 모여서 만들어지는 것이니까.

그래서 중요한 것이 '균형'이다. 미래를 바라보되 그것이 현재와 단절되지 않도록 하는 것. 미래에 대한 기대가 현재의 행복을 희생시키는 대가로 오지 않도록 하는 것. 그 미래가 바로 다음 순간, 다음 날, 다음 달에 구체적인 것들로 실현되도록 하는 것이 나에게는 너무 중요하다.

영화 〈서브스턴스〉를 봤다면 이 맥락을 잘 이해할 수 있을 테다. 영화의 메인 메시지 중 하나인 'You are

One'은 지금의 나와 미래의 내가 결국 같은 사람이라는 의미를 담고 있다. 지금 내가 하는 선택들, 지금 내가 만나는 사람들, 지금 내가 느끼는 감정들이 모여서 미래의 나를 만든다는 것. 이 영화는 나에게 정체성과 시간의 연속성에 대한 깊은 질문을 던져주었다.

'You are One'은 동양 철학에서도 찾아볼 수 있다. 불교의 '인연생기(因緣生起)' 사상은 모든 현상이 무수한 원인과 조건의 상호작용에 의해 생겨난다고 설명한다. 즉, 지금의 내가 있기 위해서는 과거 무수한 '나'들의 선택과 경험이 필요했고, 미래의 내가 어떤 모습일지는 지금 내가 어떤 선택을 하느냐에 달려있다는 것이다. 이런 관점에서 보면, 과거, 현재, 미래의 '나'는 하나의 연속체다. 어찌 보면 너무나 당연한 얘기인데 왜 이렇게 많은 사람들이 '미래'를 지금과는 단절된 어떤 별개의 세계로 생각하는 걸까.

트위터를 하다 보면 정말 많은 이들이 "제가 지금 26살인데 대학을 가도 될까요?" "제가 지금 고등학생인데 이걸 해도 될까요?" "지금 그걸 할까 말까 고민돼요" 식의 상담을 요청한다. 마치 지금의 결정이 미래의 모든 것을 결정짓는 운명의 선택인 양 느끼는 것이다.

쑨디
@deeplovehalf

트친들 또 취준 시즌이라 저 24살인데 아직 인턴도 안해봤어요ㅠㅠ 24살 인턴 나이 많나요? 저 26살인데 신입치고 나이많나요? 아무회사나 일단 들어가서 경력쌓을까요ㅠㅠ 요런거 존내 물어봄
제발 인턴이든 신입이든 일단 츄라이 에브리띵

오전 3:14・2023년 8월 1일・11.6만 조회수

이런 고민의 이면에는 두 가지 문제가 있다. 하나는 '완벽한 타이밍'에 대한 강박이고 다른 하나는 '정답'에 대한 집착이다. 우리는 마치 인생에 완벽한 타이밍이 있고, 모든 결정에 정답이 있다고 믿도록 교육받았다. (공교육만의 문제는 아니다. 이런 생각을 강요하는 마케팅 문구 또한 너무 많다. 큰 문제라고 생각한다) 하지만 실제 인생은 그렇게 흘러가지 않는다. 모든 결정에는 득과 실이 있고 모든 타이밍에는 기회와 위험이 공존한다.

26살에 대학을 가는 것이 늦을까. 이건 '무엇을 위해 대학에 가려는가'에 달린 문제다. 학위를 위한 것인지, 새로운 지식을 얻기 위한 것인지 아니면 다른 삶의 경

험을 위한 것인지에 따라 답은 달라진다. 그리고 더 중요한 것은 그 결정이 미래의 나에게 어떤 의미가 있을지를 생각해보는 것이다. 우리에게 필요한 것은 정답이 아닌 의미다. 내가 내리는 결정이 단순히 옳은지, 틀린지가 아니라 내게 어떤 의미가 있는지, 어떤 가능성을 열어주는지를 고민하는 것. 그 의미와 가능성이 지금의 나와 미래의 나 모두에게 가치 있는지를 살펴보는 것이 중요하다.

이런 고민들을 보며 점점 더 확신하게 됐다. 미래에 대한 기대는 결국 지금에 얼마나 충실한가에 달려있다는 것을. 미래는 마법처럼 갑자기 찾아오는 게 아니라 우리가 지금 이 순간 어떤 선택을 하고 행동을 하느냐에 따라 조금씩 만들어진다.

불행하게도 많은 사람들이 미래를 위해 현재를 희생한다. '나중에 행복하기 위해서'라는 명목 아래 현재의 기쁨과 만족을 포기한다. 이는 근본적인 오해에서 비롯된다. **미래의 행복은 지금의 행복과 단절된 별개의 것이 아니다. 오히려 지금의 작은 행복이 쌓이고 쌓여 만들어진 결과물이다.**

물론 모든 순간 행복할 수는 없을 테다. 때로는 더 나은 미래를 위해 현재의 어려움을 감내해야 할 때도 있다. 하지만 그럴 때조차도, 그 선택이 단순히 미래라는 추상적인 개념을 위한 것이 아니라 구체적이고 의미 있는 목표를 향한 것이어야 한다. 그리고 그 과정에서도 작은 기쁨과 의미를 찾을 수 있어야 한다.

결국 미래와 현재 사이의 관계는 경쟁이 아닌 연속성에 있다. 미래를 위한 현재의 희생이 아니라 현재의 선택이 만들어가는 미래의 모습. 그리고 그 미래가 다시 현재가 되었을 때, 그것이 또 다른 미래를 향한 발판이 되는 끊임없는 과정. 이것이 바로 '살아간다'는 것의 본질이 아닐까.

내가 사람은 '미래에 대한 기대'로 산다고 말할 때, 그것은 단순히 '나중에 좋은 일이 생길 거야' 식의 막연한 낙관주의가 아니다. 그것은 '지금 내가 하는 선택과 경험이 조금씩 더 나은 내일을 만들어간다'는 적극적인 믿음이다. '더 나은 내일'은 단순히 물질적 성공이나 사회적 인정이 아니라 더 풍요롭고 의미 있고 진실된 삶의 가능성을 의미한다.

일단 이렇게 글을 쓰고는 있지만 당연히 나도 세상을 어떻게 살아가야 할지 아직 잘 모르는 사람이고 세상을 얼마 안 살아본 애송이다. (이 모든 건 다른 사람들보다 좀 더 많은 사람들과 교류하는 인터넷 사념체로서 수많은 고민을 공유받다가 대충 깨닫게 된 것이다)

그래서 내가, 기대되는 미래를 만들기 위해 실천하고 있는 건 '너무 미루지 않기'다. 절대 일이나 공부 같은 걸 말하는 건 아니다. 내가 하고 싶은 것들, 언젠가 꼭 해보고 싶다고 소망했던 것들을 기회가 닿는 대로 진짜 나의 미래로 만들어버리는 것이다.

'미루지 않는 삶'은 단순한 즉흥적 결정이나 충동적 행동과는 다르다. 이것은 내 안에 있는 진짜 열망과 호기심을 진지하게 대하는 자세다. 우리는 종종 자신의 열망을 비현실적이라거나 철없는 꿈이라고 치부하며 억누른다. 하지만 그 열망들 중 많은 것은 사실 생각보다 훨씬 더 실현 가능하고 실현했을 때 우리에게 깊은 만족과 행복을 가져다준다. 우리는 종종 특정 목표를 달성하거나 물건을 소유하면 느낄 행복을 과대평가하고 새로운 경험이나 관계에서 오는 행복은 과소평가한다. 그래서 물질적 성취나 사회적 인정을 추구하며 정작 지금 누릴 수 있는 행복을 놓치는 경우가 많다.

하지만 내 경험에 비추어 보면, 진정한 행복과 만족

은 오히려 하고 싶었던 일을 실제로 해본 경험에서 온다. 그것이 거창한 성취가 아니더라도, 내 안의 호기심과 열망을 존중하고 그것을 실현해본 경험 자체가 삶에 깊은 의미와 풍요로움을 더해준다. 세상에는 정말 많은 '언젠가'들이 있다. "언젠가 여행을 가야지" "언젠가 그 사람에게 연락해야지" "언젠가 이런 취미를 가져봐야지". 하지만 그 '언젠가'는 도대체 언제인가. 많은 사람에게 그 '언젠가'는 현실이 되지 못한 채 그저 머릿속에만 맴도는 희미한 상상으로 남는다.

'언젠가 증후군'은 게으름이나 우유부단함의 문제가 아니다. 그 이면에는 더 복잡한 심리적 메커니즘이 작동하고 있다. 완벽주의적 성향은 적절한 때나 충분한 준비가 될 때까지 결정을 미루게 만든다. 실패에 대한, 변화에 대한, 혹은 기대에 못 미칠 것에 대한 **두려움은 강력한 억제제**가 된다. 또한 사회적 기대와 규범에 대한 압박은 우리가 진정으로 원하는 것보다 해야 한다고 생각하는 것에 집중하게 만든다.

그러나 이런 심리적 장벽들은 대부분 우리가 스스로 만들어낸 환상에 불과하다. 나는 그런 '언젠가'를 최대한 '지금'으로 당겨오려고 노력하고 있다. (애송이 주제에 언

젠가 해보고 싶었다는 이유로 책을 쓰고 있는 지금 내 모습을 보라)

나는 호기심이 많고 세계의 다양한 나라와 다양한 사람들을 실제로 만나보고 싶어서《먼 나라 이웃나라》를 책이 헐어버릴 때까지 읽은 아이였다. 그래서일까, 내가 돈을 벌 수 있는 나이가 되자마자 아르바이트를 해서 그 돈으로 계속해서 여행을 갔다. 아르바이트도 정말 여러 가지 했다. 생각나는 것만 해도 아이스크림 전문점, 개인 카페, 외국인이 많이 오는 식당 겸 카페. 키즈 카페에서 애들을 돌보기도 하고 백화점에서 여러 브랜드에 소속되어 일을 하기도 하고 음식점 서빙도 했다.

이 경험들이 내게 돈만 준 것은 아니다. 다양한 사람을 만나고 서로 다른 일터에서의 경험을 쌓으며 나는 조금씩 내 세계를 넓혀갔다. 그리고 그 돈으로, 그 경험으로, 나는 또 다른 세계로 발을 내디뎠다. 이 경험들은 스펙 이상의 의미가 있다. 내가 세상을 이해하는 방식, 다른 사람들과 관계 맺는 방식, 그리고 나 자신을 이해하는 방식에 깊은 영향을 미쳤다.

다양한 문화와 환경을 경험하며 나는 인간의 보편성에 대해서도 생각하게 됐다. 언어와 관습, 가치관은 다를지라도 모든 사람은 근본적으로 비슷한 희망과 두려움, 사랑과 꿈을 가지고 있다는 것. 이런 보편적 인간성에 대한 이해와 공감이야말로 점점 더 분열되고 갈등하는 세계에서 가장 필요한 능력이 아닐까. '언젠가'를 '지금'으로 당겨오는 과정은 꽤 큰 용기를 필요로 한다. 불확실성을 받아들이고 실패의 가능성을 감수하며 때로는 주변의 의심이나 비판에 맞서는 일이기도 하다.

물론 나의 인터넷 친구들은 이런 걸 크게 신경 쓰지 않는다. (내가 알아서 잘 살 거라고 믿으니까) 하지만 직장 동료들이나 갓반인 친구들 그리고 참견하기 좋아하는 어른들은 '도대체 무슨 경험을 이렇게 많이 쌓냐'고 타박하기도 한다. 그런데 무슨 경험? 나는 이걸 통해서 뭔가를 얻고 싶은 게 아니다. 그냥 기대되고 가슴이 두근거리는 일을 하는 것뿐이다. 왜 모든 경험이 '스펙'이나 '자기계발'이라는 이름으로 포장되어야 하는 걸까. 왜 모든 행동에 어떤 의미나 목적이 있어야 하는 걸까.

이런 생각은 우리 사회가 가진 어떤 강박을 보여준다. 모든 시간과 에너지는 생산적이어야 하고, 모든 경험은 쌓아 올려져 어떤 결과물을 만들어내야 한다는 강박. 마치 삶을 끊임없이 무언가를 축적하는 게임처럼 생각하는 것이다. 실제로 현대사회에서는 시간 관리,

자기계발 등이 종교적인 위상을 차지하고 있다. 우리는 끊임없이 더 효율적으로, 더 생산적으로 살아야 한다는 압박을 받는다. 심지어 여가 활동조차 유익한 것이어야 하고 '쓸데없이' 시간을 보내는 것은 죄책감의 원인이 된다.

이런 사회적 분위기 속에서 경험을 위한 경험은 종종 경솔하거나 무책임한 것으로 여겨진다. "이런 경험이 너의 이력서에 어떤 도움이 될까?" "이런 시간 투자가 너의 미래에 어떤 가치를 더할까?"와 같은 질문이 선택의 기준이 된다. 하지만 삶은 그렇게 단순하지 않다. 때로는 그냥 나의 미래를 스스로 만들어봤다는 것 자체로 충분히 가치가 있다. 어떤 커다란 목표나 계획 없이도 그냥 지금 이 순간 내 마음이 움직이는 대로 따라가는 것만으로도 의미가 있는 것이다.

물론 사람은 분명 자신의 경험을 통해 성장하고 그 경험들이 모여 자신만의 서사를 만들어간다. 하지만 문제는 그 '성장'과 '서사'를 너무 좁은 의미로 해석하는 데 있다. 취업이나 승진, 학위 취득 같이 눈에 보이는 성과만이 가치 있는 것이 아니다. 때로는 그저 새로운 음식을 맛보고, 낯선 거리를 걷고, 다른 언어로 "안녕"이라고 말해보는 경험만으로도 우리는 깊이 성장한다.

나는 오사카의 작은 이자카야에서 혼자 앉아 맥주를 마시며 주변 사람들의 대화를 들었던 날을 기억한다. 그때 단 한 마디도 하지 않았다. 아마 아무도 나를 기억하지 못할 것이다. 하지만 그 순간의 고독함과 동시에 느껴지던 이상한 소속감, 낯선 곳에서 느끼는 익숙함과 편안함… 그 복잡한 감정은 내 안에 깊이 남아있다. 그리고 이런 순간들이 모여 지금의 나를 만들어냈다.

이런 경험의 가치는 쉽게 측정되거나 증명될 수 없다. 눈에 보이는 성과나 결과물로 나타나지 않을 수도 있다. 하지만 그렇다고 해서 그 가치가 덜한 것은 아니다. 오히려 이런 무목적적인 경험들이야말로 우리의 인생을 더욱 풍요롭고 의미 있게 만드는 핵심 요소일 수 있다. 의미 있는 경험이란 결국 외부 성과나 보상이 아니라, 그 경험 속에서 내가 얼마나 온전히 현존했는가, 얼마나 깊이 연결되고 몰입했는가에 달려있다. 그리고 이런 현존과 연결, 몰입의 경험은 종종 가장 단순하고 일상적인 순간들 속에서 발견된다.

결국 의미 있는 경험에 대한 우리 사회의 오해는 삶의 가치를 너무 좁게 정의하는 데서 비롯된다. 모든 경험이 유용해야 하고 모든 시간이 생산적이어야 한다는 강박은 우리가 삶의 다양한 차원과 깊이를 경험하는 것을 방해한다. 때로는 그저 호기심과 설렘을 따라, 내 마음이 이끄는 대로 움직이는 것도 필요하다. 내가 기대하는 미래를, 기회가 닿는 대로 현실로 만드는 건 한때 유행했던 '욜로(You Only Live Once)'와는 다르다.

욜로는 종종 충동적인 소비나 쾌락 추구를 정당화하는 구실로 사용되었다. "어차피 한 번 사는 인생, 지금 이 순간을 즐기자"라는 생각은 얼핏 보면 내가 하는 말과 비슷해 보이지만 본질은 완전히 다르다. 욜로가 현재의 만족을 위해 미래를 희생하는 개념이라면 내가 말하는 건 미래에 대한 기대를 현재로 가져오는 것이다. 욜로 문화의 문제점은 그것이 종종 지속 불가능한 행복을 추구한다는 점이다. 충동적인 소비, 과도한 쾌락 추구, 책임을 회피하는 행동 등은 일시적인 만족감을 줄 수 있지만 장기적으로는 오히려 불행과 공허함을 가져온다.

반면 내가 추구하는 것은 의미 있는 활동과 성장, 관계를 통해 얻는 깊고 지속적인 만족감이다. 이는 단순한 쾌락이나 즐거움이 아니라 자신의 잠재력을 실현하고 의미 있는 삶을 살아가는 과정에서 오는 행복이다.

다이어트와 저속 노화의 차이와도 같다. 다이어트는 단기간에 급격한 변화를 추구하며 요요 현상을 일으키지만 저속 노화는 지속 가능한 생활 습관의 변화를 통해 건강한 상태를 유지하는 걸 목표로 한다. 내가 말하는 건 바로 이런 지속 가능한 삶의 방식이다. 저속 노화는 단순히 노화를 늦추는 것이 아니라 우리 몸과 마음이 자연스럽게 변하는 과정을 존중하고, 그 과정에서 최대한의 건강과 활력을 유지하는 접근법이다. 이는 급격한 체중 감량이나 극단적인 미용 시술 같은 빠른 해결책이 아니라 균형 잡힌 식습관, 규칙적인 운동, 충분한 휴식, 스트레스 관리 등 일상적인 습관들을 통해 이루어진다.

저속 노화의 철학을 우리의 삶 전체에도 적용할 수 있다. 급격한 변화나 극적인 성취를 통해 행복을 찾기보다는 일상 속에서 작은 기쁨과 의미를 발견하고, 지속 가능한 방식으로 자신의 열망을 실현해가는 것. 그것이 진정 잘 사는 것의 비결이 아닐까. 미래에 대한 기대를 너무 먼 미래로 미루지 말고, 손에 닿는 거리에 있는 그리고 너무 물질적이지 않은 것들로 채워가는 삶.

그렇게 살다 보면 뒤돌아봤을 때 쌓인 추억도 많고 기대되는 미래도 여전히 많은 어른이 될 수 있을 것이다.

이런 접근법은 욜로처럼 현재만을 위한 삶이 아니라, 현재와 미래가 연결된 삶을 살아가는 방식이다. 지금 내가 느끼는 설렘과 기쁨이 미래의 나에게도 이어질 수 있도록, 내 선택과 경험이 단절된 순간이 아니라 하나의 이야기로 엮일 수 있도록 노력하는 것이다. 중요한 건 이런 경험들이 소비되는 것이 아니라 내 안에 축적되어 나를 더 풍요롭게 만든다는 점이다. 그리고 이런 축적은 물질적인 것이 아니라 정서적·감각적·인지적인 차원에서 이루어진다. 마치 나무가 매년 새로운 나이테를 더해가며 성장하듯 우리도 새로운 경험과 관계를 통해 조금씩 더 단단해지고 풍요로워진다.

이런 차원의 축적은 눈에 보이지 않는 성장이기 때문에 사회적으로 인정받지 못하거나 간과되기 쉽다. 이력서에 적히는 학위나 경력, 소셜미디어에 올리는 화려한 업적만이 '성공'으로 인정받는 세상에서 내적 성장과 정서적 풍요로움은 쉽게 측정되거나 증명될 수 없기 때문이다. 하지만 진정한 인생의 부는 은행 계좌에 쌓이는 숫자나 명함에 적힌 직함이 아니라, 우리가 경험한 순간의 깊이와 풍요로움, 우리가 맺은 관계의 진정성과 따스함, 우리가 느낀 감정의 스펙트럼과 강도에 있다고 생각한다. 그리고 이런 차원의 부야말로 우리가 마지막 순간에 돌아볼 때 "잘 살았다" 느끼게 해주는 인생의 진짜 성취가 아닐지.

물론 나한테 현실적인 고민이 없는 건 아니다. (이제는 슬슬 노후 준비도 해야겠다는 압박이 들긴 해. 그런데 이것도, 지금까지처럼 알아서 잘하겠지) 내가 현실을 무시하거나 미래에 대한 책임감이 없다는 뜻도 아니다. 오히려 나는 미래를 더 구체적으로, 더 현실적으로 생각하고 있다고 느낀다. 다만 그 미래가 오로지 안정이나 성공과 같은 추상적이고 사회적인 가치로만 채워질 필요는 없다고 생각하는 것이다.

현대사회에서 미래는 종종 불안과 두려움의 대상이 된다. 노후, 건강, 경제적 안정, 커리어 전망. 이런 주제들은 우리에게 '미래에 대비하라'고 끝없이 압박한다. 특히 한국 사회에서는 이런 압박이 더욱 강하다. 평생직장이 사라지고 부동산 가격은 계속 오르고, 연금 제도는 불안정하고… 이런 상황 속에서 우리는 미래를 위해 현재를 희생하는 것이 당연하다고 여기게 된다.

하지만 이런 '미래 대비'의 패러다임에는 근본적인 오해가 있다. 마치 '미래'가 고정된, 예측 가능한 상태인 듯 생각하는 오해. 실제 미래는 훨씬 더 불확실하고 유동적이다. 10년 전만 해도 우리가 지금 경험하고 있는 기술적·사회적 변화를 누가 정확히 예측할 수 있었을까. 그리고 지금 우리가 10년 후의 세상을 얼마나 정확히 그릴 수 있을까.

이런 관점에서 보면 미래 대비란 단순히 돈을 모으고 자격증을 따는 것 이상의 의미를 가진다. 새로운 상황에 적응하고 다양한 가능성을 받아들이며 불확실성 속에서도 의미와 목적을 찾을 수 있는 능력을 기르는 것이다. 그리고 이런 능력은 종종 다양한 경험과 도전, 관계 속에서 발전된다. 어쩌면 이건 균형의 문제일지 모른다. 과거의 추억과 미래의 기대, 현실적인 준비와 감성적인 충족, 안정감과 모험심. 이 모든 요소 사이에서 각자에게 맞는 균형점을 찾아가는 것. 그것이 '사람은 무엇으로 사는가'에 대한 답이 아닐까.

이때의 '균형'은 정적인 상태가 아니라 끊임없이 움직이고 조정되는 동적인 과정이다. 때로는 안정을 위해 모험을 잠시 미루기도 하고 때로는 너무 안정적인 삶에 변화를 주기 위해 새로운 도전을 선택하기도 하듯. 중요한 것은 이런 선택이 외부의 기준이나 압박이 아닌 자신의 욕구와 가치를 반영하는 것이어야 한다.

나는 그 균형점에서 '미래에 대한 기대' 쪽에 좀 더 중심을 두고 있다. 그리고 그 기대는 단순히 '언젠가 이루어질 성공' 같은 막연한 것이 아니라 내일, 다음 주, 다음 달에 내가 경험할 수 있는 구체적인 순간에 대한 설렘이다. 새로운 여행지에서 만날 풍경, 아직 읽지 않은 책 속에서 발견할 문장, 앞으로 만나게 될 사람과 나눌 대화…. 이런 작고 구체적인 기대가 모여 내 삶을 움직이는 원동력이 된다. 이 구체적인 기대들은 대부분 지금 내가 할 수 있는 선택과 행동을 통해 실현 가능한 것들이다. 손에 닿는 거리에 있는 가능성들이다. 그리고 이런 가능성을 하나씩 현실로 만들어가는 과정에서 나는 더 큰 삶의 그림도 조금씩 그려가게 된다.

이런 관점에서 보면 미래에 대한 기대란 단순히 수동적으로 좋은 일이 일어나기를 바라는 것이 아니라 내가 행위를 통해 새로운 가능성을 열어가는 적극적인 과정이다. 이런 행위는 종종 불확실성과 위험을 수반하지만 바로 그 불확실성 속에서 우리는 진정한 자유와 창조를 경험한다.

  이런 마음가짐은 결국 현재에 충실하되 미래를 향해 열려있는 삶을 살아가는 방식이다. 지금 이 순간을 온전히 느끼고 경험하면서도 동시에 그다음 순간에 대한 기대와 호기심을 잃지 않는 것. 마치 여행자가 지금 서 있는 풍경을 충분히 감상하면서도 동시에 다음 모퉁이에 어떤 풍경이 기다리고 있을지 설레는 마음으로 걷는 것처럼. 진정한 여행자는 길 위에서의 모든 순간을 소중히 여긴다. 예상치 못한 우회로, 갑작스러운 비, 뜻밖의 만남, 이 모든 것이 여행을 더욱 풍요롭게 만든다. 마찬가지로 삶에서도 우리가 계획하지 않았던 순간들, 예상치 못했던 변화들이 종종 가장 값진 경험과 성장의 기회를 제공한다.

  결국 사람은 무엇으로 사는가. 나는 사람은 '다음 순간에 대한 기대'로 산다고 생각한다. 지금 이 문장을 읽은 후에 무슨 생각이 들지, 이 글을 다 읽고 나서 무엇을 하게 될지, 오늘 밤 잠들기 전에 어떤 기분으로 하루를 마무리할지, 이런 작은 기대들이 모여 우리의 삶을 앞으로 나아가게 한다. 뒤놀아봤을 때 어느새 풍성한 추억들이 쌓여있고, 앞을 바라봤을 때 여전히 설레는 가능성이 기다리고 있다는 걸 발견하게 될 거다. 과거에 얽매이지 않고 미래를 지나치게 불안해하지도 않으면서 그저 한 걸음 한 걸음 호기심과 설렘으로 걸어가는 삶이 '잘 사는 삶' 아닐까.

나는 사람은 단순히 생존하는 것이 아니라 끊임없이 기대하고 경험하고 그리고 다음을 기대하는 순환 속에 있다고 생각한다. 그 과정에서 우리는 조금씩 더 나은 사람이 되어간다. 더 많이 경험하고 더 깊이 이해하고 더 진실되게 연결되는 사람으로. 결국 인생이란 이런 작은 기대와 경험의 연속이다. 그렇기에 '무엇을 위해 사는가'라는 거창한 질문보다는 '지금 이 순간, 내가 기대하는 것은 무엇인가'를 물어보는 게 더 중요할지 모른다. 그리고 그 기대가 단순한 공상이 아니라 실제로 내 삶에서 실현될 수 있도록, 작은 행동을 통해 한 걸음씩 다가가는 것, 그것이 내가 생각하는 삶의 방식이다.

'미래에 대한 기대'로 사는 삶은 단순히 개인의 행복을 추구하는 이기적인 방식이 아니다. 오히려 우리가 더 넓은 시야를 가지고 더 창의적으로 문제를 해결하며, 더 관대하게 공감하며 타인과 관계 맺을 수 있게 해주는 삶의 방식이다. 이런 삶의 방식은 특히 불확실성과 변화가 빠른 현대사회에서 더욱 중요해진다. 고정된 계획이나 예측보다는 변화에 유연하게 적응하고 새로운 가능성을 발견할 수 있는 능력이 성공과 행복의 열쇠가 되기 때문이다. 그래서 결국 "사람은 무엇으로 사는가"라는 톨스토이의 오래된 질문에 대한 나의 대답은 이렇다.

인생은 결코 혼자 걷는 길이 아니다. 우리는 서로의 이야기를 나누고 서로의 여정에 동행하며 때로는 서로에게 새로운 가능성과 영감을 선물함으로써 함께 성장한다. 어쩌면 그것이야말로 사람이 사는 가장 근본적인 이유가 아닐까. 그래서 나는 오늘도 내일에 대한 작은 기대를 안고 지금 이 순간에 나름 최선을 다한다. 그것이 내가 생각하는 잘 사는 법이니까. 사람은 미래에 대한 기대로 살아가는 존재이고 충실히 산 순간들이 모여 우리의 삶이라는 작품을 만든다고 나는 믿는다.

내가 소셜미디어를 사랑하는 N가지 이유

나는 '소셜미디어 인간'이다. 그것도 아주 뿌리 깊은. 지금 내 친구들은 거의 다 소셜미디어에서 만났고 이들과 일상부터 취향까지 모든 것을 나누며 살고 있다. 1년 중 대부분의 약속이 소셜미디어 친구들과의 만남일 정도니 이제는 '인터넷 친구'라는 말조차 어색할 지경이다.

내가 처음 소셜미디어를 시작했을 때는 블로그 전성시대였다. (나도 이제 어느 정도 나이를 먹은 오타쿠이니까) 그때만 해도 블로그와 카페가 소통의 중심이었고 나 역시 그곳에서 첫 인연을 맺었다. 특정 장르의 덕질을 매개로 만난 사람들이었는데 처음에는 단순히 좋아하는 이야기를 나누고 싶다는 마음뿐이었다. 어떤 장르인지는

쑨디
@deeplovehalf

인터넷에서 사람을 만나고… 감정을 나누고 그러는 게 참 재미있고 좋다 평생 이래야지

오전 4:25·2024년 11월 26일·2만 조회수

자세히 밝힐 수 없지만 그저 누군가와 내가 좋아하는 것에 대해 얘기하고 싶었다.

그런데 이상하게도 이야기를 나누다 보니 점점 그 사람 자체가 궁금해졌다. 그들의 생각과 취향, 일상까지. 단순히 좋아하는 콘텐츠에 대한 이야기만 하다가 어느새 서로의 일상이나 고민을 나누게 됐다. 매일 댓글을 달고 쪽지를 보내고 때로는 밤을 새워가며 대화를 나눴다. 그렇게 우리는 덕질 메이트에서 인생 메이트로 진화했다. 참 재밌는 여정이었다. 처음엔 닉네임만 알던 사람들이 이제는 내 일상 속 가장 가까운 사람들이 되다니. 처음 오프라인 만남을 가졌을 때 얼마나 긴장했는지 모른다. "온라인이랑 분위기가 다르면 어쩌지?" 같은 걱정이 있었다. 하지만 실제로 만났을 때 오히려 더 편안했다. 이미 서로에 대해 아주 많은 것을 알고 있었으니까.

물론 나는 운이 좋았다. 온라인에서 진심으로 통하는 사람들을 만나기란 쉽지 않은데 나는 비슷한 성향과 생각을 가진 좋은 친구들을 많이 만났으니까. (이상한 사람도 많이 만났지만 그냥 잊고 산다. 친구들아, 사랑해!)

물론 모든 관계가 순탄했던 건 아니다. 처음에는 잘 맞다가 점점 어긋나서 연락이 끊긴 사람도 적지 않다. 처음에는 정말 친하게 지내며 몇 년간 친한 친구였다가 이젠 다시 얼굴도 보지 않는 사람들도 많다. 단순한 의견 차이로 인해, 갑작스러운 오해로 인해, 때로는 점점 달라지는 가치관 때문에 멀어지기도 했다.

하지만 그건 현실 친구들과도 마찬가지 아닌가. 사실 이런 점에서 온라인 친구와 오프라인 친구의 경계는 점점 흐려진다. 친구 관계라는 건 어디서 만났느냐보다 어떻게 관계를 이어가느냐가 더 중요하다는 걸 이제는 안다. 그래서 특별히 내가 인터넷으로 친구를 만나고 노는 것이 이상하다고 생각해본 적이 없다. 그렇기 때문에 내가 '소셜미디어 인간'인 것이다.

최근에는 인스타그램, 틱톡, 스레드 등 다양한 플랫

폼이 등장했지만 나는 여전히 처음 시작했던 트위터에 가장 충실하다. 플랫폼마다 각기 다른 특성과 문화가 있고 그에 맞는 소통 방식이 존재한다. 나는 트위터의 빠른 생각 교환과 비교적 자유로운 분위기가 좋다. 다른 플랫폼도 사용하긴 하지만 결국 내 온라인 홈은 트위터인 셈이다.

> ↻ 자기가 말하면 '빵빵 터지는 줄 아는' 중간관리자 이상의 직급을 가진 아저씨들이 모여 만드는 '스레드체'에 거부감을 느끼는 사람이 많을 것이다. 일단 나는 별로 좋아하지 않는다.

소셜미디어를 통해 만난 관계들이 내 삶에 미친 영향은 생각보다 크다. 그들은 단순히 취미를 공유하는 것을 넘어 내 가치관을 형성시키고 새로운 시각을 제시하고 때로는 인생의 중요한 결정에 영향을 미치기도 했다. 소셜미디어를 통해 '나'라는 사람이 만들어졌다고 해도 과언이 아니다.

나와 정말 잘 맞는 사람들과 연결되는 것, 취향이 비슷하고 생각의 결이 맞고 같은 주제에 대해 종일 이야기해도 질리지 않는 그런 사람들과 만나는 것은 정말 귀중하다. 오프라인에서는 쉽게 찾기 힘든 동질감을 온라인에서는 비교적 쉽게 발견할 수 있다는 게 정말 좋다.

살면서 우연히 만나는 사람 중에 나와 맞는 사람을

내게 소셜미디어의 가장 큰 가치는 '연결'과 '호기심 충족'이다

찾기란 쉽지 않다. 학교나 직장에서 만나는 사람들은 어쩔 수 없이 만나는 관계가 대부분이다. 하지만 소셜미디어에서는 처음부터 비슷한 관심사를 가진 사람과 마주치게 된다. 같은 해시태그를 검색하거나 같은 계정

을 팔로우하거나 같은 주제에 관심을 보이는 사람들. 공통점이 있는 상태에서 시작하는 관계는 이미 한 발짝 앞서있는 셈이다.

나와 잘 맞는 사람과는 같은 공간에 숨 쉬고 있는 것만으로도 묘한 안정감을 느끼지 않나. 굳이 특별한 일이 없어도 일상적인 이야기를 나누는 것만으로도 충분히 위안이 되기도 하고. 현대사회에서 점점 고립되고 있는 개인들에게 이런 연결은 특히 소중하다. 소셜미디어는 그런 의미에서 외로움의 해독제 같은 역할을 해준다.

내가 소셜미디어에 대해 가장 좋아하는 점은 '다른 사람의 생각'을 엿볼 수 있다는 점이다. 주로 트위터를 하는 이유도 여기에 있다. 나는 종종 '깊생 주제(깊게 생각하는 주제)'라고 부르는 질문들을 던진다. 예를 들면 이런 것. "생각하는 AI가 인간처럼 발전한다면 그들에게도 권리가 필요할까" "인간은 왜 귀여운 것들에 그토록 쉽게 마음을 주는 걸까" "오타쿠는 대체로 진보적인가"

나의 단순한 호기심에서 출발한 소위 '킬링 타임용' 질문들이다. 하지만 답변들을 통해 생각지 못했던 관점을 발견하게 되고 그것이 다시 새로운 질문으로 이어지곤 한다. 이런 사고의 확장은 소셜미디어가 없었다면 경

쑨디
@deeplovehalf

여기서 의식이 있더라도 안드로이드는 그냥 가전제품일 뿐이라고 하는 분들은 나중에 안드로이드가 "나보다 자의식이 없는 갓난아이는 인간취급을 하면서 온전히 의식이 있는 나는 왜 인권을 가질 수 없나요? 저는 너무 속상하고 실망스러워요"라고 하면 뭐라고 설명하실건가요?

오후 8:57·2021년 5월 15일

내가 올렸던 깊생 주제들 중 하나, 인용 의견들이 아주 재미있다

밤톨** @gung******** · 2021년 5월 15일

사실

* @Fru******** · 2021년 5월 16일

인간은 인공지능을 설계할 때 그것이 복종과 충성에 긍정적 강화를 얻도록 할 수 있습니다. 인간을 섬기는 것에 행복을 얻고 그에 만족하는 의식들이죠. 그런데 그러지 않고 이런 말을 하게 만들었다? 그건 아마 기계가 괴로워하는 걸 보려는 가학적 성향의 결과물일 겁니다⋯

표* @PY0***** · 2024년 8월 22일

이거에 대한 해답은 오버워치에 있음
(라마트라, 젠야타)

험하기 어려웠을 것이다. 물론 책이나 논문을 통해서도 다양한 생각을 접할 수 있지만 소셜미디어에서는 실시간으로 그리고 훨씬 더 다양한 배경을 가진 사람의 의견을 들을 수 있다는 점에서 나의 도파민을 자극한다.

내던진 질문에 사람들은 다양하게 반응한다. 동의하는 사람, 반박하는 사람, 나를 무시하는 사람, 심지어 내 의견이 쓰레기라고 말하는 사람까지. 정말 다양한 사람을 만날 수 있다는 점이 장점이자 단점이다. 평소

라면 절대 교류하지 않았을 사람들의 생각을 엿본다는 것은 양날의 검과 같으니까.

현실에서는 의견이 안 맞으면 대화가 금방 끊긴다. 또한 깊이 파고들면 상대방이 불편해하기 쉽다. 그런데 소셜미디어에서는 묘하게도 이러한 경향이 덜하다. 오히려 '페르소나'가 있어서인지 현실보다 더 솔직하게 생각을 드러내는 경우가 많다. 그래서 깊은 주제에 대해 더 활발한 교류가 가능하다.

한번은 "인간이 로봇에게 감정적으로 의존하는 것이 과연 건강한가?"라는 질문을 던진 적이 있다. 이런 질문을 현실에서 갑자기 꺼냈다면 상대방은 당황하거나 대충 얼버무렸을 텐데 당시 소셜미디어에서는 정말 다양한 의견이 쏟아졌다. 철학적 관점에서 답변한 사람, 자신의 경험을 바탕으로 이야기한 사람, 심지어는 관련 연구 결과를 공유해준 사람도 있었다. 다양한 시각을 한자리에서 접한 경험은 정말 흥미로웠다.

이런 온라인 대화를 통해 생각이 바뀌기도 하고 새로운 질문이 떠오르기도 한다. 친구들은 이런 내 모습을 보고 "너는 대학원에 갔어야 하는 인재"라고 말하지만 사실 나는 그저 다른 사람들의 생각이 궁금할 뿐이다. 특정 분야를 깊이 파기 보다는 다양한 생각들을 '찍먹'해보고 싶은 것이다.

↻ '찍어 먹다'의 줄임말. 새로운 게임이나 콘텐츠가 자신에게 맞는지 확인하기 위해 잠시 체험해본다는 뜻.

그런 의미에서 소셜미디어는 내게 도파민 뷔페 같은 곳이라 할 수 있다.

소셜미디어는 내 생각과 일상을 기록하는 공간이기도 하다. 현재 내 트위터에는 무려 15만 개가 넘는 트윗이 쌓여있다. (리트윗이나 공유 글도 포함되지만) 그 안에는 분명 내 생각과 감정이 담겨있다. 마치 디지털 형태의 일기장이자 사진첩이자 메모장 같은 역할이랄까. 가끔 특정 단어나 주제로 내 트윗을 검색해보면, 예전의 내가 어떤 생각을 했는지 볼 수 있다. 그때와 지금의 생각에서 달라진 점을 발견하는 것도 흥미롭다. 이런 변화의 궤적을 따라가는 것은 일종의 자기 성찰 과정이기도 하다.

많은 사람이 이런 목적으로 일기를 쓰지만 나는 일기를 꾸준히 쓸 만큼 끈기 있는 사람이 아니다. 일기는 너무 형식적이고 또 누군가 읽을 것이라는 생각 없이 쓰다 보니 동기부여가 잘되지 않는다. 반면 소셜미디어는 다르다. 짧고 가벼운 생각을 툭툭 던질 수 있고 이에 대한 즉각적인 반응도 볼 수 있다. 이런 상호작용이 소셜미디어에서 기록을 계속하게 만드는 원동력이 된다.

또한 소셜미디어는 내 생각을 정리하는 데도 도움이 된다. 글로 표현하기 위해서는 어느 정도 생각을 구조화해야 하기 때문이다. 막연히 머릿속에 떠돌던 생각도 트윗이라는 형태로 정리하면서 더 명확해지는 경우가 많다. 140자라는 제한이 오히려 생각을 압축하고 정제하는 데 도움이 된다.

소셜미디어는 내 정체성을 표현하는 공간이기도 하다. 내가 무엇을 좋아하고 어떤 생각을 가지고 있으며 어떤 가치관을 지니고 있는지를 자연스럽게 드러낼 수 있다. 프로필 사진부터 배경 이미지 그리고 매일매일의 게시물까지. 이 모든 것이 모여 온라인상의 '나'를 구성한다. 어떤 의미에서는 현실의 나보다 더 솔직한 모습일 수도 있다. 소셜미디어는 나를 표현하고 나의 흔적을 남기고 내 생각을 정리하는 데 정말 좋은 공간이다. 생각을 표현하고 그에 대한 반응을 보고 때로는 대화를 통해 더 깊은 생각에 도달한다. 이런 과정 자체가 나에게는 큰 즐거움이다. (트위터 최고)

물론 내겐 너무나 사랑스러운 장소인 소셜미디어에도 밝은 빛만큼이나 어두운 그림자가 있다. 가장 먼저 떠오르는 단어는 시간 낭비다. "소셜미디어만큼 인생을 낭비하는 것이 없다"는 말이 있지 않은가. 때로는 당장 해야 할 일이 있어도 사람들이 뭐라고 썼는지 궁금해서 자꾸 들여다보게 된다. 이런 중독성은 분명 사회적 문제다.

나 역시 이 문제에서 자유롭지 않다. 집중해야 할 일이 있을 때도 자꾸만 소셜미디어가 생각나고 사람들이 뭐라고 썼는지 궁금해서 계속 들여다보게 된다. 심지어는 잠자리에 들기 전에 마지막으로 한 번만 확인하겠다고 시작했다가 한 시간이 훌쩍 지나버린 경험도 여러 번 있다. 이런 식으로 낭비되는 시간이 쌓이면 꽤 큰 손실이 된다.

더 심각한 문제는 소셜미디어가 우리의 주의력을 파편화한다는 점이다. 빠르게 스크롤하며 짧은 정보들을 소비하는 습관이 생기면 책 한 권을 온전히 읽거나 영화 한 편에 집중하는 것이 점점 어려워진다. 내 경우에도 예전에는 거뜬히 책 한 권을 하루만에 읽었는데 요즘은 몇 페이지 읽다가 자꾸 스마트폰을 확인한다. 분명 우려될 만한 변화이다.

최근 들어 더 크게 느끼는 문제는 '비교'와 '평가'의 문화다. 소셜미디어에서 서로를 비교하고 병들어간다는 건 알고 있었지만 최근에는 그 정도가 심각해진 것 같다. 단순히 남의 여행 사진이나 명품 가방을 보고 부러워하는 수준을 넘어서 이제는 개인의 특징을 하나하나 뜯어보며 부위별로 평가하기 시작했다.

예를 들어 최근에는 '중안부'라는 개념이 유행했다. 중안부는 눈부터 입까지 이어지는 코와 인중 인근을 가리키는데, 단순하게 여기가 길면 못생기고 짧으면 예쁘다는 공식이 소셜미디어를 뒤덮었다. 얼굴은 원래 조화가 중요하지 않나. 더 놀라운 건 얼굴뿐 아니라 발이나 손, 무릎과 같은 신체 일부만 보고도 그 사람의 성격, 직업, 심지어 경제력까지 추측하는 일이 난무하다는 점이다. 이런 평가는 외모에만 국한되지 않는다. 누군가 자신의 일상을 공유하면 "왜 그렇게 행동하냐" "그런 사람 딱 싫다"라는 식으로 인격까지 판단한다.

이런 현상은 소셜미디어의 익명성과 비대면성이 만들어내는 부작용일 것이다. 상대방의 표정을 직접 볼 수 없고 내 말이 누군가에게 상처를 준다는 것을 체감하기 어렵다 보니, 더 쉽게 가혹한 평가를 내리게 되는 것이다. 또한 '좋아요'나 '리트윗' 같은 즉각적인 보상 시스템이 자극적인 발언을 부추기는 측면도 있다.

소셜미디어를 통해 자기도 모르게 타인을 끊임없이 평가하고 비교하고 판단하는 습관이 고착화되는 것 같아 걱정이다. 이런 문화는 결국 우리 모두의 정신 건강에 해롭다. 늘 평가받는다는 불안감, 완벽해야 한다는 압박감 그리고 남들과 비교하며 느끼는 상대적 박탈감. 이런 감정들은 우리를 점점 더 지치게 만든다.

그럼에도 사람들이, 그리고 내가 소셜미디어를 계속하는 이유는 무엇일까. 솔직히 그냥 재미있기 때문이다. 다른 이유를 차치하고 소셜미디어를 보면서 다른 사람의 일상이나 이야기를 들여다보는 것 자체가 너무 흥미롭다. 인간은 본래 호기심 많은 존재다. 옛날에는 마을 광장에 모여 이런저런 소식을 나누고 이웃의 이야기에 귀 기울이고 사람들의 험담을 하기도 했다. 소셜미디어는 광장의 디지털 버전이라고 할 수 있다. 다만 훨씬 더 넓고 더 다양한 사람들이 모여 있으며 24시간 열려있다는 차이가 있을 뿐.

내가 주로 사용하는 트위터는 다른 소셜미디어보다 사용자들이 자기 의견을 솔직하게 밝히는 편이다. 인스타그램이 '보여주기'에 집중한다면 트위터는 '말하기'

에 집중한다. 그래서 사람들의 진짜 생각을 엿볼 수 있는 창구가 된다. 물론 이것이 때로는 논쟁과 갈등의 원인이 되기도 하지만 그만큼 생생한 의견이 교환된다는 의미이기도 하다.

또한 소셜미디어는 소속감을 제공한다. 같은 관심사를 가진 사람들과의 연결은 일종의 커뮤니티 의식을 만들어낸다. 특히 소수 취향이나 마이너한 관심사를 가진 사람들에게는 더욱 그렇다. 오프라인에서는 만나기 힘든 같은 취향의 사람들을 온라인에서 만날 수 있다는 사실은 큰 위안이 된다. 무엇보다 소셜미디어는 우리 시대의 불가피한 현실이 되었다. 많은 정보와 소식이 소셜미디어를 통해 먼저 전파되며 사회적 담론이 형성된다. 심지어는 비즈니스나 취업의 기회도 소셜미디어를 통해 연결된다. 따라서 소셜미디어를 완전히 끊는다는 것은 사회적 고립을 자초하는 일일 수도 있다. 그래서 중요한 것은 어떻게 소셜미디어를 사용하느냐다.

어떻게 하면 건강하게 소셜미디어를 할 수 있을지 나도 여전히 고민 중이다. 다만 더 나은 방향으로 소셜미디어 문화가 발전했으면 한다. '네티즌을 위한 네티켓' 운동 같은 게 다시 필요하지 않을까 생각한다. 이런 교육을 일상화하는 것이 효과가 있을지 모른다.

모든 사람이 도덕 수행평가하는 중학생처럼 댓글을 달 필요는 없지만 그래도 내가 쓴 댓글을 당사자가 볼 수 있다는 것을 염두에 두고 그가 어떻게 느낄지를 생각하면서 소셜미디어를 했으면 좋겠다. 결국은 공감의 문제다. 내 말이 타인에게 어떻게 전달될지, 어떤 감정을 불러일으킬지 한 번만 더 생각하는 것. 그런 공감의 문화가 조금 더 퍼진다면, 우리의 소셜미디어 생활은 더 풍요로워지지 않을까.

나는 여전히 소셜미디어가 좋다. 그곳에서 만난 소중

> 안녕하세요 주둥이님. 저는 도덕 수업에서 선플 달기 활동중인 호계중학교 3학년 학생입니다 영상에서 재미있게 말하는 모습,즐겁게 웃는모습이 이 좋았습니다 앞으로도 좋은 영상 많이 부탁드려요!
>
> 👍 4.3천 👎
>
> ▼ 답글 112개

한때 화제였던 '도덕 수업 숙제' 선플 달기, 이거 전 국민이 해야 한다

한 인연, 접할 수 있었던 다양한 생각, 기록으로 남은 나의 흔적. 이 모든 것이 내 삶을 더 풍요롭게 만들어주었다. 앞으로도 나는 '소셜미디어 인간'으로 남을 것 같다. 다만 조금 더 의식적으로, 더 따뜻하게 이 공간을 사용하려 노력할 것이다. 그것이 내가 소셜미디어에서 받은 것들에 대한 작은 보답이 아닐까.

사람들이 모두 가장 다정한 우주에서 살아갈 수 있기를 바란다.

> 이 영화는 3부가 끝이 아니다. 영화가 끝나고 영화관을 나섰을 때, 당신 눈 앞에 펼쳐지는 그 순간이 4부의 시작. 모두 그 많은 우주 중 가장 다정한 우주에서 살아남으시길.
>
> 👍 6.5천 👎

내가 좋아하는 영화 〈에브리띵 에브리웨어 올 앳 원스〉에 대한
잊을 수 없는 한 줄 평

"네 안의 결핍을 인정해야 해"

온라인에서 자주 볼 수 있는 이 문장은 처음엔 가벼운 밈으로 시작됐다. 누군가의 특별한 취향이나 과도해 보이는 행동을 설명하는 농담이었다. 하지만 점차 이 문장은 더 깊은 의미를 가진 담론으로 발전했다. 페티시나 분노 유발 요인이 그 사람의 결핍에서 비롯된다는 심리 분석적 해석의 문구가 된 것이다. (내 은밀한 취향은 결핍에서 온다는 이야기) 글쎄, 얼핏 그럴듯해 보인다. 우리의 행동이 결핍, 채우지 못한 욕구에서 비롯된다는 건 심리학의 기본 내용이기도 하니까. 특히 과도해 보이는 행동이나 집착은 더욱 쉽게 '결핍'이라는 단어와 연결된다. 마치 모든 열정의 근원에는 채워지지 않은 공간이 있다고 믿는 것처럼.

하지만 이런 해석은 인간의 감정과 행동을 지나치게 단순화하는 것 아닐까. **우리는 왜 그토록 쉽게 타인의 진심을 '결핍'이라는 단어로 설명하려 할까.** 이는 현대 사회 특유의 시선일지 모른다. 모든 것을 분석하고 정의하고 원인을 찾으려는 강박적인 태도. 누군가의 순수한 열정이나 깊은 애정을 굳이 결핍이라는 틀에 가두려는 시도는, 오히려 우리 사회의 결핍을 보여주는 것 아닐까. 특히 이런 시선은 팬덤 문화를 바라볼 때 더욱 두드러진다. 아이돌을 좋아하는 것은 현실에서 채우지 못한 무언가의 결과물이라거나, 게임에 빠지는 것은 현실도피라는 식의 해석이 그렇다. 하지만 이런 해석은 한 인간의 취향과 선택을 지나치게 단순화하는 동시에 그 안에 담긴 진정성을 폄하하는 결과를 낳는다.

결핍이라는 단어의 함의는 생각보다 복잡하다. '무언가가 부족하다'는 의미를 넘어 그 사람의 선택과 감정이 온전히 자발적이지 않다는 뉘앙스를 담고 있기 때문이다. 마치 어떤 심리적 상처나 부족함이 그 사람을 특정한 방향으로 떠밀었다는 식의 뉘앙스. 하지만 인간의 선택과 애정을 단순한 인과관계로 설명할 수 있을까. 때로는 우리의 취향이 우리도 모르는 내면의 욕구나 결핍을 반영할 수도 있다. 하지만 모든 덕질을 결핍으로 환원하는 것은 마치 모든 연애를 '외로움의 해소'로만 설명하려는 것처럼 폭력적이다. 특히 이런 해석에는 덕질을 향한 미묘한 편견이 깔려있다. 왜 주식 투자에 열중하는 건 '열정'이라 하면서 게임에 몰두하는 건 '현실도피'라 단정 짓는 걸까.

좀 더 근본적인 질문을 던져보자. 사람은 왜 그토록 쉽게 타인의 열정을 결핍으로 해석하려는 걸까. 어쩌면 이는 우리 사회가 가진 불편함의 표현일지도 모른다. '정상'과 '비정상'을 구분하고 남들과 다른 열정이나 취

내가 좋아하는 짤이다

향을 '문제적'이라 규정하려는 강박. 혹은 순수한 열정이나 몰입의 가치를 인정하기 어려워하는 현대 사회의 냉소. '튀지 말 것'을 강조하는 사회이기에 남들과 다른 관심사를 가지고 열중하는 것을 열정이라는 긍정적인 단어로 부를 수 없는 것 아닐까.

이런 시각은 결국 덕질이 가진 본질적 가치를 보지 못하게 만든다. 덕질은 단순한 소비나 도피가 아니다. 그것은 적극적인 선택이자 깊이 있는 몰입의 과정이며 때로는 새로운 문화를 만들어내는 창조적 행위이기도 하다. 결국 이 모든 논의는 '가치'의 문제로 귀결된다. 우리는 어떤 것에 가치를 부여하고 또 어떤 것의 가치를 깎아내리는가. 더 나아가 누가 그 가치를 결정하는가.

사회의 많은 가치들은 합의에 기반하고 있다. 명품이 가진 가치는 실제 제품의 제작 비용을 훨씬 뛰어넘는다. 화폐는 종이 쪼가리에 불과하지만 우리는 그것에 엄청난 가치를 부여한다. 주식시장에서 오르내리는 숫자들은 실체가 없지만 기업의 가치를 좌우한다. 이런 것들이 '의미 있는 가치'로 인정받는 이유는 무엇일까? 단지 더 많은 사람들이 더 오랫동안 그 가치를 인정해왔기 때문이겠지.

그렇다면 덕질을 통해 발견되는 가치는 왜 쉽게 폄하되는 걸까. 어떤 아이돌의 무대에서 예술적 감동을 느끼는 것이 미술관의 작품 앞에서 감동을 느끼는 것과 본질적으로 다른 것일까. 게임 속 업적을 달성하며 느끼는 성취감이 업무 목표를 달성할 때의 성취감과 얼마나 다를까.

팬들은 자신이 좋아하는 대상을 통해 새로운 문화를 만들어내고 창조적인 방식으로 자신을 표현하며 때로는 산업 전체의 판도를 바꾸기도 한다. '결핍의 보상'이라고만 설명하기에는 너무나 능동적이고 창조적인 과정이다. 결핍이 아닌 적극적 선택으로서의 덕질. 이는 단순한 관점의 전환이 아니라 문화를 바라보는 우리의 시각 자체를 재정립하는 일이다. 누군가에게 특별한 가치가 있다면 그것은 그 자체로 존중받아야 할 이유가 충분하다. 그것이 결핍에서 비롯되었든 순수한 호기심에서 비롯되었든, 혹은 우연한 계기에서 시작되었든 말이다. 어쩌면 우리에게 진정으로 필요한 것은 '결핍'이 아닌 '다양성'의 관점일지도 모른다. 모든 열정을 결핍으로 해석하려는 시도는 인간의 감정과 선택의 복잡성을 지나치게 단순화한다. 더 나아가 그것은 사회가 가진 어떤 편견 혹은 획일성에 대한 강박을 드러내는 것일 수 있다.

누군가의 취향과 열정을 이해하기 위해 굳이 그 시작점을 찾으려 할 필요는 없다. 그저 그것이 그 사람에게 특별한 의미를 가진다는 사실 그리고 그 의미는 존중받을 가치가 있다는 것을 인정하는 것으로 충분하다. 우리는 모두 각자의 방식으로 삶을 풍요롭게 만들어가고 있으니까. 더구나 덕질은 단순한 '좋아함'을 넘어서는 창조적 행위다. 팬들은 자신만의 방식으로 새로운 문화를 만들어내고 그 과정에서 예상치 못한 가치들을 발견한다. 때로는 산업의 판도를 바꾸고 때로는 사회의 고정관념을 깨뜨린다. 이런 능동적이고 창조적인 활동을 단순히 '결핍의 보상'이라고 설명하는 것은, 그 안에 담긴 무한한 가능성을 제한하는 일이 될 것이다.

"네 안의 결핍을 인정해야 해"라는 말은 어쩌면 우리 모두에게 던지는 질문일지도 모른다. 하지만 그것은 개인의 결핍을 지적하는 것이 아니라 타인의 열정을 쉽게 판단하고 재단하려 하는 우리 사회의 결핍을 돌아보게 만드는 질문이어야 한다. 우리에게 필요한 것은 더 많은 이해와 존중 그리고 다양성을 받아들일 수 있는 넓은 시선이다.

결국 우리는 모두 각자의 방식으로 삶을 채워가고 있다. 그것이 남들이 이해하기 어려운 것일지라도 혹은 비생산적으로 보일지라도, 누군가에게는 특별한 의미를 가진 소중한 것일 수 있다. 그리고 그런 다양한 의미들이 모여 인간 사회의 문화는 더욱 풍성해진다.

이것이야말로 진정한 의미의 '채움'이라 믿고 싶다.

우리는 소년만화 주인공이 아니다

최근 영화 〈반지의 제왕〉을 다시 보다가 마음이 벅차올라 계속 곱씹게 되는 질문이 있다. (다시 말하지만 좋아하는 걸 계속 돌려보면서 내용을 곱씹으며 혼자 벅차오르는 건 오타쿠의 일상이다)

진정한 '위대함'이란 무엇일까?

마법사의 강력한 힘, 엘프의 불멸의 생명, 인간 전사의 용맹함이 아니라 가장 작고 평범한 존재인 호빗이 세상을 구하는 이야기를 보며 이 질문이 자연스레 떠올랐다. 혹시라도 〈반지의 제왕〉을 보지 않은 사람이 있을까 봐 간략히 소개하자면, 이 작품은 악의 제왕 사우론에 맞서 다양한 존재들이 각자의 최선을 다하며

더 자세한 내용은 쑨디 유튜브 채널
〈반지의 제왕 설명회 편〉에서 확인할 수 있다

승리를 쟁취하는 이야기다. ('템플 희망 편'이라고도 불린다)

이 이야기에서 가장 중요한 역할을 맡은 것은 마법사도, 전사도 아닌 가장 평범한 호빗이다. 이 평범한 존재가 많은 어려움을 뚫고 결국 위대한 일을 해내는 과정이 이 이야기의 메인 스토리다. 여기 나오는 주인공이 바로 내 최애니까 아직 보지 않았다면 꼭 한번 봐주길 바란다.

내가 〈반지의 제왕〉에서 가장 좋아하는 장면 중 하나는, 프로도가 너무나 지쳐 "이 반지가 내게 오지 않았으면 좋았을 텐데…"라고 한탄하는 부분이다. 이 말은 우리 모두의 마음을 대변한다. 누구나 한 번쯤 자신에게 주어진 무게가 버겁다고 느낄 때가 있으니까. 하지만 여기서 간달프의 대사가 깊이 마음을 울린다.

"시간을 사는 이들은 모두 그래. 그건 우리가 결정할 수 있는 게 아냐. 우리가 해야 할 것은 단지 우리에게 주어진 시간에 뭘 하느냐, 그걸 결정하는 것뿐이지."

〈반지의 제왕〉은 얼핏 보면 전형적인 판타지 서사처럼 보인다. 절대반지를 둘러싼 선과 악의 대결, 최후의 전쟁을 향해 달려가는 영웅들. 하지만 톨킨은 이 익숙한 구도 속에 중요한 반전을 숨겨놓았다. 진정한 영웅은 가장 작고 평범한 존재라는 것.

중간계에는 대단한 존재들이 많다. 수천 년을 살아온 엘프들은 지혜롭고 우아하며 마법사들은 강력한 힘을 지녔고 인간 영웅들은 용맹한 전사이자 고귀한 혈통을 가졌다. 얼핏 보면 이런 인물들이 주인공이 되어야 할 것 같지만 톨킨은 그들을 선택하지 않았다. 대신 편안한 삶을 원하고 모험을 싫어하는 호빗을 주인공으로 삼았다.

호빗들은 특별할 것 없는 존재다. 마법도 쓸 줄 모르

고 전투 능력도 없으며 모험을 떠나는 것조차 싫어한다. 그들의 행복은 단순하다. 하루에 여섯 끼 식사하고 이웃과 수다를 떨고 정원을 가꾸는 것. 하지만 바로 이런 '평범한 삶을 사랑하는 마음'이 그들이 위대한 일을 해내는 데에 가장 큰 무기가 된다.

우리는 끊임없이 특별해야 한다는 압박을 받는다. 소셜미디어에서는 모두가 성공적인 삶을 사는 것처럼 보이고 위대한 성취만을 강조한다. 그리고 평범한 일상은 마치 실패한 삶처럼 여겨진다. 하지만 간달프가 말했듯이 우리가 해야 할 일은 우리에게 주어진 시간 속에서 무엇을 할 것인지 결정하는 것이다. 우리가 처한 상황이 마음에 들지 않을 수도 있다. 하지만 그 안에서 어떤 선택을 하고 어떤 가치를 지켜나갈지는 우리에게 달려있다.

세상을 지탱하는 것은 거창한 업적이 아니다. 매일 아침 일어나 출근하는 것, 자신을 위해 저녁을 준비하는 것, 친구의 고민을 들어주는 것. 이런 평범한 일상이야말로 실은 가장 특별한 것일 수 있다. 우리는 모두 각자의 '절대반지'를 가지고 각자의 삶이라는 이야기를 살아가고 있다. 그 이야기가 세상을 뒤흔드는 대서사시가 아니어도 괜찮다. 중요한 것은 우리의 작은 선택과 평범한 용기가 만들어내는 가치이다.

우리는 소년만화의 주인공이 아니다. 하지만 그것이 우리가 조연이라는 뜻은 아니다. 우리의 삶은 분명 의미가 있다. 진정한 위대함은 화려한 성공이나 남들의 인정이 아니라 자신의 자리에서 최선을 다하고 주변 사람들을 소중히 여기며 작은 것들의 가치를 아는 것, 그리고 세상에 친절한 사람이 되는 것이다.

간달프의 말처럼 이 세상에는 악한 힘만 있는 것처럼 보이지만 다른 힘들도 있다. 그리고 그 힘은 예상치 못한 곳에서 가장 평범한 순간에 우리를 지켜준다.

이 힘이 빛을 발할 수 있도록 각자의 삶을 소중히 만들어가자.

내 삶의 중심을 지키는 일

 살면서 "난 이런 거에 별로 관심 없어" "그냥 별생각 없이 살아" 이런 말을 종종 듣는다. 처음에는 그저 답하기 귀찮은 사람의 무심한 태도려니 했는데 시간이 지나고 이상한 공통점을 발견하게 됐다. 이렇게 말하는 사람들이 실은 주변의 시선과 평가에 굉장히 민감하다는 것. 더 재미있는 건 이런 사람들은 대화 상대에 따라 의견이 180도 바뀌기도 한다는 점이다.
 최근에는 이런 모습들이 더 자주 눈에 띈다. "저도 잘 모르겠어요" 애매하게 말을 흐리거나 "다들 그렇게 하니까요"라는 말로 자신의 선택을 설명하는 사람들. 이들은 누군가와 대화할 때 상대 눈치를 보며 듣기 좋은 말만 하고 자신의 진짜 생각은 숨긴다. 소셜미디어에서 조차 '좋아요'를 많이 받을 만한 의견만 조심스럽게 공유하기도 한다. 문제는 이런 태도가 단순히 소통 방식의 문제로 끝나지 않는다는 점이다. 자신의 생각이나 가치관이 불확실한 상태에서 상황에 따라 의견을 바꾸다 보면 정작 중요한 순간에 제대로 된 판단을 내리지 못하게 된다.

예를 들어보자. 회사에서 누군가에게 부당하게 책임을 전가하는 상황이 벌어졌을 때, 보통 중심이 없는 사람은 "다들 그렇게 하니까" 생각하며 넘어간다. 친한 동료가 부당한 대우를 받아도 "어차피 세상이 다 그렇지" 외면하며 윤리적 판단이 필요한 순간에도 "나만 나서기도 좀 그렇고" 하는 말로 회피한다. 이런 선택이 쌓이다 보면 어느 순간 '내가 뭘 믿고 있는 걸까?' '내가 뭘 중요하게 생각하고 있었던 거지?' 근본적인 의문에 직면하게 된다. (이런 생각을 가지게 된다면 그나마 나은 걸지도)

처음에는 사소한 선택에서 시작했던 것이 나중에는 삶의 중요한 가치들까지 쉽게 타협하게 만든다. 친구 관계에서도, 연인과의 관계에서도, 심지어 자신의 꿈이나 목표를 정할 때도 '남들은 어떻게 하지?' '이렇게 하는

게 맞나?' 하는 생각만 맴돈다.

요즘 들어 이런 현상이 더욱 두드러지는 것 같다. 인터넷에 떠도는 영화 리뷰를 예시로 들어볼까. 유명 평론가의 해석이 공개되면 아무리 당연하고 뻔한 해석이라도 많은 이들이 그대로 받아들인다. 마치 정답을 찾은 것처럼 안도하면서. 창작자가 아무리 다양한 해석이 가능하다고 말해도 결국은 누군가의 그럴듯한 답을 그대로 받아들이는 모습을 보면 약간은 씁쓸해진다. 나는 다양한 사람의 다양한 해석이 궁금하기에 어떤 한가지 해석이 '정설'이 되는 것을 못 견디는 것일지 모른다.

이런 태도는 삶의 모든 영역에서 비슷한 패턴으로 이어진다. 옳고 그름을 판단할 때도, 무언가를 선택할 때도, 심지어 자신의 감정을 이해할 때도 늘 타인의 기준을 찾는다. 그 과정에서 자신만의 경험과 깨달음, 통찰은 흐려진다. 우리에게는 어떤 상황에서도 양보할 수 없는 중심이 필요하다. 지난 경험과 그로부터 얻은 통찰로 만들어진, 흔들리지 않는 나만의 기준. 이것이 없으면 우리는 이리저리 휘둘리다가 결국 자아를 잃어버리게 된다. 최근 마주치는 '괴물 같은' 사람들의 모습은 대부분 이런 과정을 거쳐 형성된 것이 아닐까.

쑨디
@deeplovehalf

사회 생활을 하다보면, 당연히 눈치 보면서 행동해야 하는 것들이 생기기 마련임
하지만 그 어떤 상황에서도 절대 양보할 수 없는 나의 지난 경험과 인사이트로 만들어진 단단한 중심이 있어야해 이게 없으면 이리저리 휘둘리다가 자아가 없는 사람이 되어버려
그렇게 괴물이 된 사람들을 요즘 자주 봄

오후 2:13 · 2024년 11월 22일 · 10.4만 조회수

예전에 트윗으로도 관련 의견을 남긴 적이 있다

그렇다면 중심이란 무엇일까. 그동안의 경험과 고민으로 만들어진 나만의 판단 기준 같은 것이다. 단순한 고집이나 맹목적 확신이 아닌, 수많은 시행착오를 겪으면서 만들어진 일종의 나침반을 말한다. 그리고 비슷한 상황이 닥쳤을 때 그때의 경험을 떠올리며 "이건 아닌 것 같아" 말할 수 있는 기준점을 의미한다.

중심을 가진 사람은 어떤 특징을 가질까. 이들은 상황과 맥락을 이해하면서도 중요한 순간에는 자신만의 선을 그을 줄 안다. "저는 그렇게 생각하지 않아요" 말하거나 "그건 좀 문제가 있을 것 같네요" 의견을 낼 수 있다. 때로는 이런 태도가 불편한 상황을 만들기도 하지만 적어도 자신과 타인을 속이지 않는다.

중심이 단단한 사람일수록 오히려 일상에서는 더 유연하다. 중심이 흔들리지 않을 거란 믿음이 있기에 사소한 것에 더 너그러워질 수 있는 것 아닐까. 영화를 보고 난 뒤에도 다른 사람의 해석에 귀 기울이고 자신과 다른 관점도 흥미롭게 바라본다. 전문가의 시각을 참고하되 이를 자신의 경험과 사고를 통해 재해석한다.

그들의 '중심'은 하루아침에 만들어지지 않는다. 다양한 경험과 시행착오를 겪으면서 때로는 실수하고 때로는 옳은 판단을 하면서 조금씩 만들어진다. 중요한 것은 그 과정에서 자신의 판단을 끊임없이 검증하는 일이다. 그래서 우리에게는 나의 생각이 정말 옳은지, 이런 기준을 가져도 되는지 계속해서 고민하고 수정하는 과정이 필요하다.

결국 중심을 지키며 산다는 것은 자신만의 단단한 기준을 갖고 살아간다는 의미다. 이는 세상과 타협하지 않겠다거나 융통성 없이 고집을 부리겠다는 뜻이 아니다. 오히려 무엇과 타협할 수 있고 무엇과는 절대 타협할 수 없는지 아는 것이다. 그런 선택들이 쌓여 결국 '나다운 삶'을 만들어낸다.

　수많은 생각과 가치관이 부딪히는 이 시대를 살다 보면 때로는 자신을 잃어버릴 것 같은 순간이 온다. 모두가 가는 길이 맞는 것처럼 보이고 남들과 다른 선택이 틀린 것처럼 느껴질 때도 있다. 그리고 복잡한 머리를 감싸고 누군가 정답을 점지해주기를 기다리게 된다. 하지만 이 세상에는 정답 같은 건 없다. 너의 정답과 나의 정답만이 있을 뿐.

　그렇기 때문에 우리는 각자의 중심을 더 단단히 지켜나가야 한다. 이 복잡한 세상 속에서도 진정한 '나'로 살아갈 수 있기를 늘 기도한다.

에필로그

흠흠, 여러분이 이 책을 받아보았다는 것은 제가 마감을 성공적으로 해냈다는 것이겠죠. 지금은 원고 마감일 새벽, 무사히 책이 나오게 되어 감개무량합니다.

사실 오타쿠 트위터리안 주제에 출판사를 거쳐 제대로 된 책을 만들다니, 심지어 무언가를 '연성'⤴하는 타입의 오타쿠도 아니고 그냥 입만 나불대는 (인터넷이니까 입보다는 손일까요) 사람인데 말이죠. 나무에 미안한 짓 하는 걸까 봐 아직까지도 조금 불안하긴 합니다. 근데 저 스스로 그렇게 생각 안 하면 되는 거 아닐까요? 어차피 산 책, 그냥 기쁜 마음으로 봐주시면 감사하겠습

⤴ 2차 창작물을 만들어 공유하고 소통하는 것.

니다. 마음에 안 들면 언제든지 시비 걸어주세요.

에필로그를 넣겠다고 담당자 님께 말씀드려놨는데 막상 쓰려니까 무슨 말을 더 해야 할지 잘 모르겠네요. 죄송합니다. 이 책에 제 모든 것을 담지는 못했습니다. 하고 싶은 말을 다한 것도 아니고요. 그래도 언젠가 하고 싶었던 말을 하고 나니 속이 후련하긴 합니다. 말이 많은 사람의 최후는 자기가 쓴 책을 끌어안고 죽는 거라던데 제가 그 꼴이 되었네요.

"그래서 뭐 어쩌라는 거야?"

책을 다 읽고 난 뒤, 이런 생각이 드신다면 책을 아주 잘 읽으신 것이니 안심하셔도 됩니다. 그래도 나름 살아가면서 가끔 생각해보면 좋을 주제들도 있으니 너무 뭐라고 하진 말아주세요.

인간의 삶이란 참 덧없고 가끔은 의미가 없게 느껴지기도 하고, 세상에 나 혼자 있는 것 같고 다 끝내버리고 싶은 생각이 들기도 합니다. 도대체 신이라는 게 있기는 한 건지, 하늘도 무심하다는 말이 절로 나오는 일도 어렵지 않게 만날 수 있습니다.

하지만 인간이라서 좋은 것들도 있지요. 다른 사람들과 좋아하는 이야기를 나눌 수 있고 다른 사람을 사랑할 수도 있고요. 나랑 평생 만날 일 없는 사람의 내면을 한 권의 책으로 당당하게 훔쳐볼 수도 있네요.

불가능한 확률로 만들어진 기적이 모여 만들어진 저의 인생이 다시 한 번의 불가능한 확률로 당신에게 닿을 수 있어 기쁩니다. 앞으로도 여러분이 선택한 우주에서 즐거운 일만 가득하시길 바라겠습니다. 혹시라도 마음에 들지 않으면 요즘은 인터넷 세상에서 마음에 드는 우주를 선택하실 수 있으니까요.

저를 믿고 용기를 주셨지만 이것저것 하느라 바빠서 매번 마감 독촉을 하셔야 했던 서진교 담당자 님, 원고를 작성하는 내내 용기를 준 소중한 인터넷 친구들, 무한한 영감을 준 인터넷 세상 속의 이상한 사람들 모두 감사합니다. 가족들도 사랑하긴 하는데, 이 책을 보여줄 수 있을지는 모르겠네요. 여하튼 감사합니다.

마지막으로 제 인생을 가득 채워준 내가 사랑한 모든 사람들 (가상의 인물 포함) 모두 고맙습니다. 덕분에 고생깨나 했지만 사실 너 아니었으면 내 인생 공허했다고 꼭 전하고 싶네요. 원래 축하와 감사는 지각이 없는 법입니다.

감사합니다.

KI신서 13577

너무 오래 오타쿠로 살아서
케이팝 러버, 고경력 오타쿠, 트위터 NPC 쑨디가
140자로는 부족해 14만 자나 주절거린 한풀이

1판 1쇄 인쇄 2025년 5월 9일
1판 1쇄 발행 2025년 5월 28일

지은이 쑨디
펴낸이 김영곤
펴낸곳 (주)북이십일 21세기북스

인문기획팀 팀장 양으녕 **책임편집** 서진교 **마케팅** 김주현
교정교열 원소윤
디자인 studio forb
출판마케팅팀 남정한 나은경 최명열 한경화 권채영
영업팀 변유경 한충희 장철용 강경남 황성진 김도연
제작팀 이영민 권경민

출판등록 2000년 5월 6일 제406-2003-061호
주소 (10881) 경기도 파주시 회동길 201(문발동)
대표전화 031-955-2100 **팩스** 031-955-2151 **이메일** book21@book21.co.kr

(주)북이십일 경계를 허무는 콘텐츠 리더

21세기북스 채널에서 도서 정보와 다양한 영상자료, 이벤트를 만나세요!
페이스북 facebook.com/jiinpill21 **포스트** post.naver.com/21c_editors
유튜브 youtube.com/book21pub **인스타그램** instagram.com/jiinpill21
홈페이지 www.book21.com

당신의 일상을 빛내줄 탐나는 탐구 생활 〈탐탐〉
21세기북스 채널에서 취미생활자들을 위한 유익한 정보를 만나보세요!

ⓒ 쑨디, 2025
ISBN 979-11-7357-287-6 (03810)

- 책값은 뒤표지에 있습니다.
- 이 책 내용의 일부 또는 전부를 재사용하려면 반드시 ㈜북이십일의 동의를 얻어야 합니다.
- 잘못 만들어진 책은 구입하신 서점에서 교환해 드립니다.